Leonore Matouschek

Trauer, die nicht enden will

verkehrstot —
schweigend weiterleben?

Gütersloher Verlagshaus Gerd Mohn

CIP-Titelaufnahme der Deutschen Bibliothek

Matouschek, Leonore:
Trauer, die nicht enden will : verkehrstot − schweigend
weiterleben? / Leonore Matouschek. − Gütersloh : Gütersloher
Verl.-Haus Mohn, 1990
ISBN 3-579-02167-2

ISBN 3-579-02167-2
© Gütersloher Verlagshaus Gerd Mohn, Gütersloh 1990

Das Werk einschließlich aller seiner Teile ist urheberrechtlich geschützt.
Jede Verwendung außerhalb der engen Grenzen des Urheberrechts ist
ohne Zustimmung des Verlages unzulässig und strafbar. Das gilt insbesondere für Vervielfältigungen, Übersetzungen, Mikroverfilmungen und die
Einspeicherung und Verarbeitung in elektronischen Systemen.

Umschlaggestaltung: HTG Werbeagentur, Bielefeld, unter Verwendung
einer Illustration der Autorin
Gesamtherstellung: Clausen & Bosse, Leck
Printed in Germany

*... mit den Haaren im Wind,
auf den Wangen die Sonne ...*

*... so werden wir dich immer
in Erinnerung behalten.*

Für Frank-Heiner

Der Unfall

Eine neue Zeit, in der die Traurigkeit einen breiten Platz beansprucht, hat für mich begonnen. Ruckartig riß sie mich mit meinem ganzen Sein in unbekannte, gefahrvolle Tiefen. Nach mir endlos erscheinender Zeit fand ich Möglichkeiten und Hilfe, langsam, langsam wiederaufzutauchen, um verändert weiterzuleben.

Es fällt mir schwer, bis an den Anfang meiner Trauer zurückzugehen, aber ich weiß jetzt, daß ich es dennoch tun muß, weil ich Menschen brauche, die mit mir zusammen weinen, wie ich immer Menschen gebraucht habe, mit denen ich lachen kann. Für meine Freude wie für meine Trauer brauche ich Menschen zur Reflexion − gleich viel und gleich lange.

Alles hat angefangen, als mein sechsjähriger Sohn Frank sterben mußte. Ein kurzer, einfacher Satz, der jedoch eine alles umfassende Qual für mich beinhaltet.

Mein Kind hatte gespielt. »Fahrrad-Kriegen« − mit seinem Freund Daniel und einem anderen Nachbarsjungen. Die Fahrt ging auf schmalen Sandwegen zwischen den Reihen der Siedlungshäuser hindurch. Frank nannte sie »meine Geheimwege«. Er war vorn. Als er sich umwandte, wo denn die anderen blieben, geriet er mit dem Fahrrad unversehens auf die Fahrbahn einer kreuzenden Straße. In dem Auto, das gerade herangebraust kam, saß jemand, der es eilig hatte.

Frank wurde nach dem Aufprall heftig fortgeschleudert −, dann blieb er einige Meter weiter reglos an der Fahrbahnkante liegen. Der Kleine wurde in dem Polizeibericht, der später nach Zeugenaussagen verfaßt wurde, offiziell als Verursacher des Unfalls eingetragen.

Als ich zur Unfallstelle kam, hatten die Umstehenden auch nichts Eiligeres zu tun, als mir wieder und wieder zu versichern, daß mein Kind »selbst schuld« war. »Er durfte doch nicht ..., er hätte ja aber auch nicht ..., haben Sie ihm denn nicht gesagt, daß er nicht sollte?!« In einem der kleinen Zeitungsartikel, die über diesen Unfall berichteten, klang das so:

»Wieder einmal bestätigte sich auf schreckliche Weise, wie unberechenbar sich Kinder im Straßenverkehr verhalten. Auf der Stübestraße wurde ein fünfjähriger Junge von einem Auto erfaßt und lebensgefährlich verletzt. Der Fahrer, ein Arzt, hatte den Jungen zwar gesehen, doch ahnte er nicht, daß dieser plötzlich sein Kinderfahrrad vom sicheren Bürgersteig herunterlenkte und auf die Fahrbahn fuhr. Ein Ausweichen oder rechtzeitiges Bremsen war nicht mehr möglich. Das Furchtbare passierte. Der Unglücksfahrer leistete kraft seines Amtes sofort fachkundige Erste Hilfe und brachte den Jungen dann umgehend in das nächste Krankenhaus. Frank M. schwebt noch in Lebensgefahr.«

Abgesehen davon, daß einiges an dieser Berichterstattung schlicht falsch war, ist die positive Parteinahme für den Fahrer und die Schuldzuweisung an einen kleinen Jungen unüberhörbar. Der Fahrer »ahnte nichts«, ihm ist eine rechtzeitige Reaktion nicht möglich. Dies wird aber dem Kind nicht zugestanden. In der Anzeige hört es sich sogar so an, als habe Frank sein Fahrrad bewußt »vom sicheren Bürgersteig heruntergelenkt«. Zwar war meinem Kind auch kein rechtzeitiges Ausweichen oder Bremsen mehr möglich, doch hat es sich – laut Bericht – nur »unberechenbar verhalten«.

Frank ist 16 Tage nach dem Unfall auf der Intensivstation des Krankenhauses gestorben, vier Tage vor seinem sechsten Geburtstag. Als der Artikel erschien, schwebte er nicht mehr in Lebensgefahr, sondern sein Tod lag schon 10 Tage zurück. In der Verfassung, in der ich zu diesem Zeitpunkt war, hat es mich sehr verletzt, so etwas zu lesen. Ich empfand das als Unrecht und wurde wütend.

Dies war aber eine der ersten traurigen Erfahrungen, die ich versuchen mußte, für mich zu behalten. Ich fand kein offenes Ohr, wenn ich darüber sprechen wollte. Darüber sollte ich mich doch nun nicht aufregen, das sei doch immer so! Wie oft habe ich danach noch solche beschwichtigenden Worte hören müssen. Sie haben mich aber nie beschwichtigt. Sie haben mir nur den Mund verschlossen. Sie haben bewirkt, daß ich nicht mehr über etwas weinen mochte, was eigentlich sehr traurig ist.

Heute ist mir klargeworden, daß bei uns jede Form der sichtlichen Trauer keinen Platz hat, daß die meisten Leute lieber beschwichtigen als trösten, oder lieber lang und breit die Schuldfrage diskutieren wollen. Trauer über eine traurige Situation scheint etwas Schlechtes, Falsches zu sein. Besser, man erklärt, warum es zu einer solchen Situation kommen konnte, oder man sagt sonst irgend etwas, was dazu geeignet ist, die Sache herunterzuspielen. Ja keine Aufregung, ja keine Tränen und nur keine Trauer.

Dieselben Leute sagen aber dann zu anderer Zeit – etwa nach der Beerdigung: Die ist aber hart, hat nicht mal eine Träne vergossen! Das sind die Gelegenheiten, wo es »hingepaßt« hätte. Das Verhalten wird hier eben wieder einmal höher bewertet als das eigentliche Sein.

Ich bin selbst von frühester Kindheit an gewohnt, lieber nur den positiven, fröhlichen Seiten des Lebens Beachtung und Wertschätzung entgegenzubringen. Meine Eltern und Erzieher, Religionslehrer, Mitmenschen und Freunde – sie alle haben mir immer wieder gesagt, bedeutet und vorgelebt, wie ich mit negativen Erlebnissen wie Trennung, Krankheit oder Schicksalsschlägen umzugehen hätte. Ich habe meine Lektion gut gelernt! Das Rezept dagegen heißt angeblich: dem nur nicht zuviel Beachtung beimessen, Stärke beweisen, es verdrängen oder mit möglichst viel positiver Ablenkung überdecken. Sich beschäftigen – um endlich zu »beschäftigt« zu sein, das Traurige zu überdenken! Wie krankmachend diese Lebensführung aber in Wirklichkeit ist, habe ich später sehr schmerzlich erlebt.

Eigentlich ist mir heute klar, daß diese Art von Verdrängungsmechanismus auf meinem persönlichen Kummerweg versagen mußte. Vergessen, sprich: Verdrängen, ist keine Bewältigung! Alles sträubt sich jetzt in mir, wenn ich im Zusammenhang mit dem Tod meines Kindes Worte wie »Bewältigung«, »damit fertig werden« oder gar »es abhaken«, »es weglegen« höre.

Darum kann es gar nicht gehen, sondern immer nur darum, diese Dinge anzunehmen! Das klingt schon vom Sprachgebrauch her vollkommen anders – und es kennzeichnet auch einen ganz anderen Umgang mit der Angst und der Trauer.

Die Worte, die ich viel später, nach langer Therapiezeit, dafür gefunden habe, haben nichts mehr mit »weg« oder »ab« zu tun, sondern ich habe irgendwann gelernt, Angst und Trauer in mein Leben hineinzunehmen und als zu mir dazugehörig zu akzeptieren.

Während der 16 langen Tage, die der Todeskampf meines Sohnes dauerte, habe ich immer wieder geschrieben, zu Hause und zuletzt auch im Krankenhaus. Das hat mich wenigstens teilweise für das entschädigt, was ich verbal nicht äußern konnte, weil ich nicht gelernt habe, offen über traurige Angelegenheiten zu sprechen.

Auf die übliche, mit mehr oder weniger echter Anteilnahme gestellte Frage: »Wie geht es dir?«, konnte ich zu jener Zeit nur »tapfer« antworten: Ach, es geht. Allerhöchstens brachte ich hervor: Ja, das ist alles sehr schlimm −.

Was wir aber wirklich aushalten mußten, wird unmißverständlich klar, wenn ich jetzt das, was ich damals aufschrieb, lese.

1. April 1982

16 Uhr
Frank ist vom Auto angefahren worden. Der Fahrer des Wagens nimmt schon in den ersten fünf Minuten nach dem Unfall unseren schwerverletzten Sohn auf seinen Autorücksitz, um ihn in das nächstgelegene Krankenhaus zu bringen. Da das Kind bewußtlos ist, bittet er ein junges Mädchen, sich dazuzusetzen und den Jungen zu halten.

16 Uhr 10
Eine Pfadfindergruppe hatte sich gerade in der Nähe der Unfallstelle – vor einer Kirche – getroffen. Ein Mädchen dieser Gruppe kennt unsere Familie, und als sie Franks Namen hört, läuft sie schnell die paar Schritte zu unserem Haus, um uns zu sagen, was geschehen ist. Ich bitte meine Freundin Brigitte, die gerade bei mir ist, auf unsere Tochter Anne zu achten. Mein Mann Heiner läßt den Versicherungsvertreter sitzen. Wir hasten zur Unfallstelle. Finden das zerbeulte Fahrrad von Frank – an dem einer seiner Schuhe baumelt. An der Unfallstelle halte ich es nicht aus. Alle sagen mir: Das Kind hat schuld! Ihr Kind hat schuld! Immer wieder. Ich nehme das Fahrrad und rase wie gehetzt nach Hause.

Heiner spricht noch mit den Leuten, die den Unfall gesehen haben.

16 Uhr 20
Der Unfallwagen trifft ein. So spät! Gut, daß Frank schon im Krankenhaus ist. Der Fahrer des Rettungswagens telefoniert mit der Klinik. Frank wird schon versorgt. Von einem Beinbruch und einer Kopfverletzung ist die Rede. Heiner kommt nach Hause, und wir fahren sofort ins Allgemeine Krankenhaus Barmbek. Wir haben Angst. Ich fühle, daß etwas Schreckliches, vielleicht Todbringendes passiert ist.

16 Uhr 30
Wir kommen zur Unfallambulanz. Die Tür des Behandlungszimmers, in dem Frank von fünf Ärzten versorgt wird, ist geschlossen. Im Wartezimmer warten die beiden, die Frank hergebracht haben:

aufgeregt und völlig entnervt der Mann, der unser Kind angefahren hat, bedrückt das Mädchen. Wir stellen einander vor. Der Fahrer des Wagens ist Augenarzt. Er sei zufällig dort vorbeigefahren, weil er noch schnell beim Bäcker Brot besorgen wollte, bevor in seiner Praxis die Nachmittagsstunden beginnen. Ich höre nur: noch schnell! Er sagt: »Das wird schon werden!« Wir hätten Glück gehabt, daß die Ärzte gerade alle vor der Tür standen, weil Feierabend war. Wir erfahren, daß Frank schon blau angelaufen war und sofort beatmet werden mußte, hören von einem Blutgerinsel im Gehirn. Langsam erfassen wir, daß alles viel schlimmer ist, als wir zuerst angenommen hatten.

17 Uhr

Heiner fährt das Mädchen nach Hause; der Augenarzt geht. Ich bin allein im Dienstzimmer der Unfallambulanz. Die Ärzte laufen hin und her, hektisch, besorgt. Sie sehen mich ab und zu an, wissen: die Mutter! Es soll eine Computertomographie von Franks Schädel gemacht werden.

Mein Kind wird mit dem Bett eilig über den Gang gerollt. Ich erhasche einen Blick auf seinen kleinen nackten Körper. Überall Schläuche, Ärzte, Schwestern. Mein Herz rast bei diesem Anblick. Es schnürt mir die Kehle zu, aber ich bin unfähig, zu weinen.

Der Polizist, der am Unfallort war, kommt ins Dienstzimmer, fragt einen der Ärzte: Besteht Lebensgefahr? – Ja, das muß man absolut sagen! – Das haut mich um, dieses Wort »Lebensgefahr«. Gut, daß Heiner das nicht so unvermittelt gehört hat. Der Arzt sieht mich an, errät meine Gedanken und sagt bedauernd: »Tut mir leid, daß Sie das so erfahren mußten.« Er versucht, Frank in der Uni-Klinik anzumelden, dort gibt es eine Kinderintensivstation. Das Universitätskrankenhaus lehnt ab, sie haben dort selbst zu viele akute Fälle.

Inzwischen steht allerdings auch fest, daß mein Kind nicht transportfähig ist: Die Ärzte sprechen aufgeregt von Pneumothorax und Lungenriß. Ich beginne zu fragen, sage: Ich möchte alles genau wissen. Man erklärt mir, daß durch den Riß in der Lunge Luft in den Brustkorb dringt, die von dort nicht abgeatmet werden kann. Das sei der Pneumothorax – eine so akute Sache, daß sofort eine Drainage gelegt werden muß, ein Schlauch, durch den die

Luftansammlungen im Brustkorb entweichen können. Die Sache im Gehirn sei das Gefährlichste, aber die Lunge sei im Augenblick akuter.

Ein Professor wird benachrichtigt. Er kommt und entscheidet, daß Franks Brustkorb geöffnet werden soll. Vielleicht ist der Lungenriß durch eine gebrochene Rippe entstanden. Ich habe das Gefühl, daß die Ärzte sich alle intensiv um mein Kind kümmern, doch es macht mich ganz krank, daß ich selbst nichts tun kann – nicht einmal bei ihm sein kann.

Heiner ist auch wieder im Krankenhaus angekommen. Ich berichte ihm auch von der Lebensgefahr, in der unser Sohn schwebt. Unsere Angst!

Ab 18 Uhr
Frank ist im Operationssaal, vor dessen Tür wir warten. Zwei lange Stunden harren und bangen wir dort. Ich habe Schuldgefühle, weil wir unser Kind allein mit dem Fahrrad fahren ließen, denke daran, daß ich so oft, auch heute nachmittag einmal, mit dem Sohn geschimpft habe. Heiner erzählt mir, daß Frank ihm heute so fröhlich entgegengelaufen ist, als er von der Arbeit nach Hause kam. »Jetzt weiß ich endlich, wie Teer aussieht, Papa«, hat er gerufen, und ihn zu einer Stelle gezogen, an der am Vormittag die Straße ausgebessert worden war. Sie haben sich hingehockt, und Frank hat mit den Händen darübergestrichen und gesagt: »Fühl mal, ist noch gar nicht richtig hart!« Einen Moment lang lächeln wir beide über unser Kind, dann breitet sich wieder die Furcht aus.

Irgendwann kommt noch einmal der Fahrer des »Unglückswagens«, stellt sich zu uns. Er hat seine Frau mitgebracht. Beide sind sehr aus der Fassung. Wir haben selbst sechs Kinder, sagen sie. Um 20 Uhr kommt eine Schwester aus dem OP. Sie ist voller Optimismus und berichtet, daß der Lungenriß genäht ist, der Brustkorb fertig. Weil Franks Kreislauf stabil ist, wollen die Ärzte auch noch den Oberschenkelbruch versorgen. – »Na, sehen Sie!« sagt das Ehepaar erleichtert.

Wir werden auch etwas ruhiger, fahren nach Hause und holen Anne von meiner Freundin ab, um sie zu Bett zu bringen. Sie weiß: Frank ist sehr krank und muß im Krankenhaus bleiben. Die Kleine zu versorgen tut gut. Hier kann man etwas tun! Um 21 Uhr sind wir wieder vor dem OP. Nach vier Stunden Operation kommen der Professor und die Ärzte heraus. Frank ist schon auf der Intensivstation. Die Nachrichten sind wieder niederschmetternd, aber eigentlich sind wir ja schon im Bilde.

Es ist alles offen: Man kann nicht sagen, daß unser Kind keine Chance hätte, andererseits kann man aber nicht wissen, was für Komplikationen es noch geben wird. Es besteht jedenfalls noch Lebensgefahr. Ich habe Franks kleine Lieblingsbettpuppe mitgebracht. Zögernd halte ich sie dem Professor hin. »Ich dachte, wenn er vielleicht aufwacht?« Traurig und sehr erschöpft schüttelt er den Kopf und sagt bedauernd: »An so was ist noch gar nicht zu denken!«

Unsere Freunde, Astrid und Peter, haben durch Nachbarn von Franks Unfall gehört. Jetzt stehen sie in der Tür, haben alles mitgehört. Sie hatten auch nur mit einem Beinbruch gerechnet. Astrids Weinen tut mir gut. Ich kann nicht weinen. Wir erhalten die Telefonnummer der Intensivstation, morgen früh dürfen wir anrufen.

Wir fahren alle zusammen nach Hause. Manfred kommt, das ist der Vater von Franks kleinem Freund Daniel, der alles mit angesehen hat. Die Kinder hatten einen solchen Schrecken bekommen, daß sie sofort ihre Fahrräder gewendet haben und nach Hause gefahren sind. Manfred will trösten. Wir sitzen noch eine Weile, irgendwann gehen wir schlafen.

Freitag, den 2. April 1982

Morgens habe ich das erste Mal mit der Intensivstation telefoniert. Die Nacht war ruhig, Frank ist noch ohne Bewußtsein. Nachmittags dürfen wir ihn besuchen.

Ich habe einige Leute telefonisch benachrichtigt: Kindergarten, Eltern, meine gute Freundin Susanna. Alle sind bestürzt, Susanna will sofort kommen. Heiner arbeitet nur vormittags. Als er wieder zurück ist, freuen wir uns eigentlich, daß wir gleich zu Frank können, haben aber beide Magenschmerzen vor Aufregung.

Vor der Tür der Intensivstation empfängt uns der Oberarzt, Dr.

Müller. Fast ist es, als hielte er die Tür noch zu, um uns erst zu »warnen«. So unvorbereitet mag er uns nicht zu unserem an Maschinen hängenden Sohn lassen. Er informiert uns: Wir müssen mit allem rechnen! Akute Lebensgefahr besteht immer noch und wird auch bestehen, solange er beatmet werden muß. Frank muß beatmet werden!

Dr. Müller sagt, was noch kommen kann. Lungenentzündung, die besonders bei künstlicher Beatmung häufig auftritt, auch Stoffwechselerkrankungen. Frank hat ein Schädelhirntrauma erlitten, d. h., das Gehirn ist durch das plötzliche Schleudern und die Folgen der Hirnquetschung nach dem Aufprall geschwollen. Die Lunge wurde auch gequetscht. Ein Lungenriß ist genäht worden, es gibt aber noch andere feine Risse, die sich vielleicht auch durch die Beatmung vergrößern könnten und erneut einen Pneumothorax auslösen würden.

Mit tief gesunkenem Mut betreten wir die Station. Heiner sagt: »Im August sollte er eingeschult werden.« Der Oberarzt antwortet sehr bestimmt, daß daraus ganz gewiß nichts werden kann, auch wenn sich eine Wendung zum Positiven abzeichnen sollte.

Wir stehen an Franks Bett. Ganz nackt liegt da unser Kind. So klein. Die Aprilsonne scheint herein, es ist warm. Die vielen Schläuche und Monitoren, tackernde, piepsende Geräusche.

Nach zehn Minuten des Betrachtens unseres »Maschinenmenschen« – so Heiner – möchten wir am liebsten gehen. Wir bleiben aber doch eine halbe Stunde, streicheln unbeholfen, versuchen, uns an den von Technik umgebenen, immer noch ungewaschenen Sohn zu gewöhnen. Die Hände, die so neugierig über den Teer gefaßt haben, darüber müssen wir lächeln. Die Augenlider sind geschlossen. Ab und zu zuckt ein Arm oder ein Fuß wie im Traum. Hebt man mit dem Finger Franks Augenlid an, so erschrickt man über die starre, blickleere Pupille. Ich schwanke zwischen den Gefühlen hin und her, daß dies alles nur ein böser Traum sei, aus dem ich gleich erwache, und der nagenden Gewißheit, daß es grausame Wahrheit ist. Sehr niedergeschlagen kommen wir danach bei meinen Eltern an, wo unsere Tochter ist.

Abends besuchen uns einige Freunde und Nachbarn. Alle sind sehr lieb, es tut uns gut. Hannes und Susanna bleiben über Nacht bei uns. Irgendwann gegen Mitternacht stehe ich auf, tappe schlaflos ins Wohnzimmer. Dort kniet mein Mann vor dem Sessel und weint hemmungslos. Susanna ist bei ihm. Wir drei stehen hilflos da. Ich kann nicht mitweinen, fühle mich unter Schock.

Sonnabend, den 3. April 1982

Morgens rufe ich wieder die Intensivstation an. Keine Änderung, Frank ist noch ohne Bewußtsein. In der Klinik schaffen wir es heute schon, dem Anblick eine Stunde lang »gefaßt« standzuhalten. Frank ist gewaschen. Der Teer an den Händen ist hartnäckig geblieben – für mich ein kleines Stück von Franks Lebendigkeit.

Wir erfahren, daß er Krämpfe hatte, bedrohlich, vom Hirn ausgehend. Sie waren aber medikamentös zu unterdrücken, traten schließlich nicht mehr auf. Man informiert uns darüber, daß Frank starke Schmerzmittel bekommt, da er nicht im Koma liegt, sondern nur flach bewußtlos ist. Der Arzt berichtet uns davon, daß die Schwester, die ihn heute morgen gewaschen hat, laut zu ihm sagte: »Frank, gib mal deinen Arm her« – worauf er tatsächlich den Arm in ihre Richtung bewegte. Dies zeige an, daß die Bewußtlosigkeit nicht so tief sei. Gerade wollen wir uns darüber freuen, als der Arzt hinzufügt, daß das aber auch bedeute, daß unser Kind starke Schmerzen empfinden müsse. Er soll aber völlig sediert, d. h. ruhiggestellt, werden, damit er keine Schläuche herausreißt und auch die Schwellung im Hirn besser abklingen kann.

Abends sind wieder ein paar Freunde da. Merkwürdig: Wir sind eigentlich fröhlich, hoffnungsvoll.

Sonntag, den 4. April 1982

Mittags haben wir zwei Stunden bleiern geschlafen. Dann bringen wir Anne zu Astrid und Peter. In der Klinik erfahren wir von Franks erneutem Pneumothorax, rechts. Es muß ihn doch noch mehr erwischt haben. Dies war wahrscheinlich nur ein kleiner Riß, der aber durch die maschinelle Beatmung größer wurde. Frank hat jetzt also auf beiden Seiten eine Drainage. Was das Hirn anbetrifft, sieht es jedoch besser aus. Seine Schmerzreflexe sind – wenn auch nicht richtig koordiniert – vorhanden. Bemerkt er nicht auch unser Streicheln? Zumindest registriert er das vielleicht in Form eines positiven Gefühls, hoffen wir. Darüber sprechen wir eine Weile mit einem der Ärzte.

Zu Hause sind wir eigentlich in dieser Zeit nie allein. Immer sind einige Freunde oder Bekannte da, die mit uns hoffen, die sagen, es wird schon wieder gut werden. So ist auch meist jemand da, der sich um Anne kümmert.

Montag, den 5. April 1982

Immer wenn wir auf dem Wege in die Klinik sind, stellt sich bei uns eine starke Beklemmung, verbunden mit Magenschmerzen ein, obwohl wir uns freuen, zu Frank gehen zu können. Ich habe mir angewöhnt, Kaugummi zu kauen – ein Ventil für meine Nervosität.

Heute ist wieder alles niederschmetternd. Frank hatte den ganzen Tag Fieber. Als wir ankommen, ist es zwar durch Wadenwickel reduziert, steigt aber während unserer Anwesenheit wieder auf 38 Grad. Er zeigt heute auch keine Schmerzreflexe oder reagiert auf Kitzeln unter den Füßen. Heiner kann den Anblick des völlig schlaffen Kindes fast nicht ertragen und möchte am liebsten wieder gehen. Ich habe aber die Salbe gegen seine trockene Haut – darunter leidet das Kind immer – mitgebracht und reibe ihn damit ausgiebig ein. Uns ist zum Weinen.

Ein Arzt erklärt uns, daß das Brett zum Abstützen der Füße (gegen Spitzfuß) entfernt werden mußte, da es leider in der Wade und am Fußgelenk Spasmen ausgelöst hat. Man kann Franks Fuß kaum bewegen, obwohl die Schwestern und die Krankengymnastin es immer wieder versuchen. Täglich wird mehrmals eine Blutgasanalyse gemacht, um zu sehen, wie weit die geschädigte Lunge die nötige Sauerstoffversorgung des Körpers noch bewältigen kann. Danach wird die Zugabe von Sauerstoff durch das Beatmungsgerät dosiert. Heute ist diese Analyse so schlecht ausgefallen, daß die Sauerstoffgabe auf 30% erhöht werden mußte. Außerdem ist jetzt auch – wie befürchtet – Franks Stoffwechsel durcheinandergeraten. Der Blutzuckerwert liegt bei 210, d. h., das

Kind bekommt durch Dauerinfusion Insulin. Die Pulsschläge pro Minute sind bis auf 180 hochgegangen. Die Ärzte vermuten in der Lunge mehrere kleine Entzündungen.

Armer kleiner geliebter Körper, muß sich so wehren – und ist so müde, obwohl das Beruhigungsmittel abgesetzt wurde. Alle auf der Station hoffen und warten darauf, daß unser Kind die Augen öffnet. Es liegt aber so leblos da und nur das gleichmäßige Geräusch des Beatmungsgerätes ist zu hören.

Der alte Mann, der anfänglich im selben Raum lag, ist auch nicht mehr da – er ist gestorben. Überhaupt sehe und höre ich hier vieles, da es nur Glaswände gibt – es verliert aber im Blick auf unser eigenes sterbenskrankes Kind an Bedeutung, sonst hätte es mich gewiß tiefer berührt.

Wir fahren sehr bedrückt, ganz traurig, entmutigt nach Hause. Was soll bloß werden?

Dienstag, den 6. April 1982

Anne ist frühmorgens ganz fröhlich mit Daniel in den Kindergarten gehüpft. Nachdem ich telefonisch vom Krankenhaus erfahren habe, daß Franks Lage sich nicht gebessert noch verändert hat, fahre ich zur Arbeit ins Modestudio. Dort dekoriere ich einmal wöchentlich die Schaufenster. Meine Chefin hat einen großen Blumenstrauß gekauft und schenkt mir ein Sommerkleid – alle sind lieb und möchten etwas tun. Ich kann mich darüber freuen. Sie sagen, es wird schon wieder werden, denn Kinder mobilisieren doch in solchen Fällen ungeahnte Kräfte. Ich denke, sie haben ihn auch nicht dort liegen sehen, mag aber auch nicht so sehr meine Hoffnungslosigkeit und Zweifel blicken lassen.

Heiner holt mich am Nachmittag ab, und wir fahren zur Klinik. Heute ist der fünfte Tag von Franks Bewußtlosigkeit. Alles ist wieder schlechter geworden. Der Sauerstoff auf 40%, wie ganz zu Anfang nach der Operation. Mir scheint, daß Franks Arme weniger beweglich werden. Dann kommen der Oberarzt und der Professor, der Frank operiert hat. Sie wollen eine dritte Drainage legen, links. Das morgendliche Röntgenbild hat ergeben, daß es mehrere Luftkammerbildungen im Thorax gibt. Wir müssen gleich wieder gehen, weil die Ärzte sofort beginnen möchten. Vor der Tür der Intensivstation kann ich das erste Mal weinen. Wir sind verzweifelt.

Zu Hause fragen uns die Nachbarn, wie es Frank geht. Manfred und Hella, die Eltern von Franks Freund Daniel, sind beide Mediziner, fragen sehr genau nach. Pitt, ein junger Mann aus einer benachbarten Wohngemeinschaft, ist sehr betroffen. Frank und Daniel haben ihn oft besucht, sie haben zusammen gelacht, Quarkbrote gegessen, den Garten umgegraben, Gitarre gespielt.

Unsere Freunde sitzen zu Hause am Küchentisch – im Gespräch mit ihnen können wir etwas entspannen, Hoffnung erneuern. Später erfahren wir aus der Klinik, daß es genügte, die alte Drainage auf der linken Seite tiefer zu legen. Es braucht also kein neues Loch in mein Kind gebohrt zu werden!

In unserer Kirchengemeinde haben alle zusammen für Frank gebetet, ein Freund rief an und hat es uns erzählt.

Mittwoch, den 7. April 1982

Morgens habe ich längere Zeit mit dem Oberarzt der Intensivstation telefoniert. Er sagte, die Reflexe seien besser, Frank habe sich tüchtig bewegt, was darauf hindeutet, daß die Bewußtlosigkeit weniger tief ist. Wenn beruhigend auf ihn eingeredet wird, so Dr. Müller, habe er das Gefühl, daß Frank reagiere. Ich habe sofort gefragt, ob es dann angezeigt wäre, ihn häufiger zu besuchen. Dr. Müller verneint aber, es sei noch zu früh, denn Frank bekomme andererseits wieder vermehrt Beruhigungsmittel, die schläfrig machen.

Hella und Manfred haben gefragt, ob es uns recht ist, wenn sie heute mit in die Klinik gehen. Sie sehen sich eine Weile Frank an, lesen im Krankenblatt, machen bedenkliche Gesichter. Dann sind wir wieder mit Frank allein. Auf seiner Brust und am Hals bemerke ich größere Schwellungen, deshalb rufe ich einen Arzt herbei. Wir müssen eine Weile das Zimmer verlassen, weil mehrere Ärzte sich Frank ansehen wollen. Es soll auch sofort eine weitere Röntgenaufnahme des Thorax gemacht werden.

Danach erklärt uns Dr. Müller, daß die Schwellungen Luftansammlungen unter der Haut sind, die bei einem Pneumothorax häufiger auftreten, manchmal am ganzen Körper. Das kann ganz bizarre Ausmaße annehmen, sagt er. Die Schwellungen bilden sich jedoch von selbst zurück, wenn die Lunge wieder heil ist. Wenn die Lunge heil ist! Damit sieht es aber hier eben bedrohlich aus. Die Blutgasanalysen fallen schlecht aus, die Sauerstoffgabe muß hoch eingestellt bleiben, was wiederum schlecht ist wegen der Lungenentzündung: ein unentrinnbarer Teufelskreis. Wir bleiben über zwei Stunden bei Frank, sprechen mit den Ärzten und mit Schwester Anja, die für ihn »zuständig« ist und sich sehr lieb um ihn kümmert. Sie wäscht ihn liebevoll und spricht dabei immer laut mit dem Kind. Aber Franks Augen bleiben geschlossen.

Obwohl wir heute wieder soviel Beängstigendes gehört haben, wächst auf der anderen Seite das Pflänzchen Hoffnung wieder neu ...

Donnerstag, den 8. April 1982

Heute morgen habe ich längere Zeit mit unserem Freund Christian telefoniert. Er ist im Medizinstudium und gibt zu bedenken, ob Frank nicht auf einer Kinderintensivstation besser aufgehoben sei. Ich berichte ihm von der Ablehnung der Uni-Klinik am ersten Tag, erzähle ihm auch, daß Frank gar nicht transportfähig ist. Mehrere Freunde rufen noch an, um zu hören, wie es um unser Kind steht, wollen kaum glauben, daß immer noch Lebensgefahr besteht. Das kann doch einfach nicht wahr sein!

Mit einem Bekannten zusammen habe ich mich vor Franks Unfall für ein Italienischseminar angemeldet. Heute holen wir dafür die Gasthörerausweise an der Uni ab, nachmittags soll die erste Stunde sein. Wir wollen aber zwischendurch zu Frank ins Krankenhaus fahren. Bei meinem Kind angekommen, ist es mir nicht möglich, zur Uni zurückzufahren. Franks Lage hat sich sehr verschlechtert, deshalb will ich bei ihm bleiben.

Seit dem Vormittag bekommt er 100% Sauerstoff! Einer der Ärzte hatte mir schon morgens am Telefon gesagt, daß es sehr übel aussähe, aber Dr. Müller sagt jetzt zu mir, daß hier schon ein Wunder geschehen müßte. Das sagt ein Mediziner nicht so schnell – ich fühle, wie alles in mir zusammensackt.

Ich bin mit Frank allein, halte stumme Zwiesprache mit meinem Kind und mit Gott, den ich matt frage, warum Er nicht hilft, schaffe es, für mich erlösend, bei meinem Kind zu weinen. Ich denke vieles, was man nicht sagen kann, kaum aufschreiben mag, fühle das erste Mal, daß ich Frank vielleicht doch loslassen muß. Ja – in diesem Augenblick ist es mir ganz klar: Ich werde ihn verlieren! Es ist gerade jetzt gut für mich, hier allein mit meinem Kind zu sein. Wir sind uns sehr nahe. Lange sitze ich dicht bei ihm, seine kleine heiße Hand in meinen beiden Händen. Abschiedsstimmung erfaßt mich, aber auch eine gewisse Ruhe: Bald mußt du dich nicht mehr quälen. Als Heiner und Susanna kommen, kann ich zunächst ruhig wiederholen, was mir der Oberarzt gesagt hat, berichte von den Lungenbläschen, die sich zusammenschließen und platzen könnten. Alles ist lebensbedrohlich, gefährlich. Es fällt uns schwer, das Geschehen zu erfassen.

Spät am Abend fahren Heiner und ich noch einmal in die Klinik. Müssen wir unser Kind hergeben? Nur ein Wunder kann helfen? Schreckliche Furcht – aber trotzdem immer noch Hoffnung. Gott, so laß doch ein Wunder geschehen! Wir streicheln nur noch unseren Sohn, mögen keine medizinischen Daten mehr hören. Ich habe bald keine Worte mehr.

Freitag, den 9. April 1982 – Karfreitag

Heute morgen hatte ich einen schrecklichen Tiefpunkt. Ich kann nur weinen, wenn ich ganz allein bin. Ich bin mit Anne zur Kirche gegangen, wir gehen jeden Sonntag und an jedem Feiertag, haben uns dort alle vergangenen Jahre wohl gefühlt. Ich habe dem Seelsorger gesagt, daß unser Sohn mit dem Tode ringt. Alle waren sehr bestürzt. Der Gottesdienst hat mir gutgetan, aber eine Leere ist in mir – ich weiß nichts mehr.

Meine Schwester wohnt über Ostern mit ihren beiden Kindern bei uns, so hat wenigstens Anne ein wenig Freude. Wir sind immer traurig. Am Nachmittag stehen wir zwei Stunden an Franks Bett. Der Sauerstoff ist auf 60% eingestellt. Frank hat zunehmend Durchblutungsstörungen in den Beinen, sie beginnen blau zu werden. Heute kann ich auch nicht mit meinem Kind sprechen. Frank zeigt kaum Reaktionen, und meine Leere ...

Am Abend, nachdem die Kinder im Bett sind, fahren wir noch einmal in die Klinik. Ich fühle mich etwas besser, kann wieder zu Frank sprechen. Dafür ist Heiner um so niedergedrückter und spricht leise aus, was wir ab und zu denken: ›Vielleicht wäre es doch besser, wenn Frank sterben würde.‹ Das ist etwas, was einem den Atem nimmt, aber wir denken und sprechen jetzt so viel Furchtbares. Ich habe heute den unbändigen Wunsch, mein Kind einmal fest in die Arme zu nehmen — ein einfacher, aber wegen der Schläuche unerfüllbarer Wunsch.

Zu Hause bei meiner Schwester sind schon wieder ein paar Freunde zusammengekommen — nach und nach verliert sich die große Nervenanspannung ein wenig. Doch was wird morgen? Wie lange wird alles dauern?

Sonnabend, den 10. April 1982

Heute morgen habe ich nicht in der Klinik angerufen. Wir mögen gar nichts mehr hören. Auf Besserung können wir nicht mehr hoffen. Lange sitzen wir mit meiner Schwester am Frühstückstisch und sprechen über Franks Wesen und wie er in seiner Fröhlichkeit war. Was war am Tag seines Unfalls? Morgens war ich mit Frank und Anne zum Kindergarten losgezogen. Auf dem Wege dorthin haben wir drei immer beraten, was wir wohl mittags essen wollen. Ich habe Kartoffeln und Apfelmus vorgeschlagen und den Kindern erzählt, daß man das auch »Himmel und Erde« nennt, weil die Äpfel so hoch am Baum — fast im Himmel — wachsen, und die Kartoffeln eben in der Erde. Sie fanden das Essen schon wegen der Geschichte toll. Mittags kam Frank hungrig nach Hause. »Was gibt's zu essen?« — »Na, was denn wohl?« — »Ach ja, Sonne und Wolken!« Er hat die Töpfe ausgekratzt und mir beim Abwaschen zugesehen. Dann hat er ganz sinnig bemerkt: »Mama, dich könnte man gut im Restaurant gebrauchen. Du kannst richtig gut kochen, und hinterher machst du auch alles wieder sauber.« So war mein praktisch denkendes, fröhliches und lebendiges Kind!

Aber nachmittags in der Klinik erfahren wir heute: erneuter Pneumothorax, eine dritte Drainage, links, Sauerstoff: 100%. Frank sieht zwar friedlich aus, doch die Luftansammlungen unter der Haut nehmen zu und verunstalten ihn, besonders im Gesicht, am Hals und am Oberkörper. Das linke, gebrochene Bein ist wegen der schlechten Durchblutung schon sehr blau. Ich kann nicht zu meinem Kind sprechen. Wie sollte ich sagen: Alles wird gut, nur Mut, mein kleiner Frank? Es ist ja nicht wahr! Am meisten quält mich jetzt der Gedanke, Frank könnte trotz der Dauerinfusion von Schmerzmitteln etwas von seiner Lage spüren, sei es körperlich oder seelisch. Er ist es ja, der das aushalten muß, wenngleich sich für uns das Wort des »Mitleidens« hier buchstabengetreu erfüllt. Wir finden, daß Frank gar nicht mehr wie ein sechsjähriges Kind aussieht. – Nach Hause! Freunde weinen dort über unser Kind. Ich fühle mich wie zugeschnürt, habe Furcht vor dem, was auf uns zukommt.

Am Abend in der Klinik ist der diensthabende Arzt bereit, mit uns über die folgenden, sehr heiklen Fragen zu sprechen: Wie sieht es mit Franks Überlebenschancen aus?, und da sie fast gleich Null sind: Unter welchen Voraussetzungen soll sein Leben – wie lange – dennoch erhalten werden? Der Arzt gibt zu, daß er und auch die anderen Ärzte der Station eindeutig wissen, daß der größte Teil von Franks Lungengewebe infolge der Lungenquetschung und auch der schweren Lungenentzündung zerstört ist. Es kann sich auch nicht regenerieren! Die Blutgasanalyse am Abend hat ergeben, daß Frank nicht einmal mehr mit der 100%igen Sauerstoffgabe ausreichend versorgt ist. Es reicht nur gerade noch für die Körpermitte, die lebensnotwendigen Organe. Die Arme und Beine werden dagegen immer schlechter durchblutet und sterben regelrecht ab. Wir erfahren noch viele Einzelheiten über Franks Befinden, die uns alle in dem Gedanken bestärken, daß es nicht gut für unser Kind ist, wenn sich dieses Leiden noch längere Zeit hinzieht. Mir fällt der Begriff der unnötigen Leidensverlängerung ein; ich beginne zu ahnen, was das bedeutet. Deshalb halten wir in dem Gespräch als wichtigste Frage fest: Was soll bei erneutem Pneumothorax geschehen? Soll noch einmal eine Drainage gelegt werden, die auf keinen Fall Franks Leben retten würde – eben nur Aufschub gewähren würde? Wir sagen dem Arzt: Bitte nicht!, geben ihm damit unmißverständlich unsere Einstellung zur Kenntnis. Bei erneutem Pneumothorax ohne Drainage würde »es« eine Frage von kürzester Zeit sein – wenige Stunden etwa.

Heiner läßt heute den letzten Strohhalm Hoffnung los, der mir schon am Donnerstag von Dr. Müller durch die Bemerkung – da müsse schon ein Wunder geschehen – genommen wurde.

Wir können zu Hause mit meiner Schwester darüber sprechen, daß wir uns eigentlich nur noch wünschen, daß Frank in Frieden sterben kann. Ich finde es jetzt tröstlich, glauben zu können, daß nach dem Tod nicht einfach ein Nichts ist, und schiebe jeden Zweifel daran sofort energisch weg – habe aber trotzdem Angst.

Ostersonntag, den 11. April 1982

Heute ist der 10. Tag von Franks Bewußtlosigkeit. Morgens war ich in der Kirche. Das war deshalb gut für mich, weil ich dort weinen konnte, dann löst sich die Spannung ein wenig. Ich singe im Kirchenchor mit. Der Text der Lieder, die heute eigentlich besonders für uns ausgesucht wurden, hat mich so berührt, daß ich nicht mehr mitsingen konnte: »Wenn vorbei die Prüfungszeiten, / dann holt uns der Gottessohn. / Kommt, ererbt die Herrlichkeiten, / die verheißne Lebenskron. / Leiden finden dann ihr Ende / in der Himmelsherrlichkeit, / es bricht an die große Wende: / unbegrenzte Seeligkeit. / Alle die voraufgegangen, / voll Erwartung drüben stehn, / Überwinder zu empfangen, / Wiedersehen, ach wie schön.« Ich bin ganz leergeweint nach Hause gegangen. Der Himmel hat sich auch ausgeregnet.

Anne hat mit ihren Kusinen oben auf dem Dachboden Ostereier gesucht, aber auch die Kinder sind nicht unbeschwert wie sonst. In der Klinik finden wir alles unverändert vor. Zwar fiel die Blutgasanalyse etwas besser aus, doch die Sauerstoffgabe ist immer noch auf 100% eingestellt. Die Luftansammlungen in Franks Gesicht haben sich wieder etwas zurückgebildet, so daß er nicht mehr ganz so schlimm aussieht – aber diese Besserung hat nichts zu bedeuten. Trotzdem – daß er sich wieder mehr bewegt, reicht aus, um neue Hoffnung wachsen zu lassen.

Abends ist Frank noch mehr in Bewegung. Wir vermuten aber, daß er sich vor Schmerz so zusammenkrampft, zumal der Arzt sagte, daß Frank heute noch keine Schmerzmittel bekommen hat. Es ist beängstigend, wie hoffnungsvoll ich wieder bin, aber Heiner zermartert sich den Kopf wegen der Schmerzen, die unser Kind vielleicht fühlt.

Zu Hause wartet meine Schwester, hofft auch auf endlich bessere Nachricht über Frank. Ein paar Freunde sind auch da. Ich trinke mehrere Cognacs. Wir albern ein bißchen herum – andererseits sind wir tieftraurig. Dies Wechselbad der Gefühle ist ziemlich unerträglich.

Montag, den 12. April 1982

Heute! Franks Besserung in verschiedener Hinsicht ist eindeutig. Morgens waren wir noch zusammen mit den Freunden, die hereinschauten, so traurig, konnten vor Bedrückung unserem Hoffnungsschimmer kaum Raum geben. Aber dann in der Klinik! Frank kommt wieder mit 80% Sauerstoff aus. Er löst jeden Atemzug mit eigener Kraft aus, er bewegt sich viel mehr, die Augen versuchen noch mehr zu fixieren; wenn man die Lider mit dem Finger hochhebt, sieht man es.

Heiner mag nicht hoffen, aber ich habe schon wieder ein ganzes Bündel Strohhalme in der Hand. Bis jetzt hatten wir nur gedacht: Tod oder Leben – ganz oder gar nicht. Jetzt gibt es da einen neuen Gedanken: Vielleicht sollen wir unser Kind doch behalten – als behindertes Kind? Es gibt Kinder, die das Beatmungsgerät am Rollstuhl mit sich führen. Aber vielleicht erholt er sich sogar noch mehr? Einer der Ärzte sagt heute, die Lage sei ernst, aber nicht aussichtslos. Wir sehen noch zu, wie Frank gewaschen wird. Seine Abwehrreaktionen sind heftig. Er hat kein Schmerzmittel bekommen.

Ich kann wieder mit meinem Kind sprechen, ihm Mut machen, denke, daß er leben will! Ich reibe ihm den Körper mit der Salbe gegen trockene Haut ein, wickle ihm die von Durchblutungsstörungen blauen Beine in Watte und Tücher und sage: Schlaf schön, ruh dich aus, bis nachher! Zu Hause erzähle ich meiner Schwester von meiner neuen Hoffnung, ich bin jedenfalls froh.

Andreas, mit dem ich Italienisch lerne, hat Musik von Chopin mitgebracht. Sie geht mir direkt ins Herz. Ich kann weinen, fühle etwas wie Erlösung – vielleicht wird alles doch wieder gut. Das

Klavierkonzert ist wunderschön. Wieso haben wir von Frank schon in der Vergangenheit gesprochen?

Nachmittags treffen wir Andreas an Franks Bett. Frank ist sehr unruhig. Wir bleiben nur eine Stunde, weil unser Mut beim Anblick des kämpfenden Kindes wieder sinkt. Andreas bleibt noch da, als wir gehen. Bei uns zu Hause treffen wir auf meine Eltern. Sie sind ungehalten, weil wir sie nicht zu Frank lassen wollen. Es soll aber dabei bleiben; denn ich fürchte, besonders meine Mutter würde auf den Anblick hin dramatisch reagieren, und ahne, daß ich das jetzt nicht ertragen würde. Im Augenblick denke ich, es sei vielleicht besser, wenn sie ihn so lebendig wie immer vor Augen haben können.

Wir essen mit meiner Schwester, die zur Zeit überhaupt unsere und Annes gesamte Versorgung übernommen hat. Ich bin erleichtert, daß sie da ist. Um 21 Uhr fahren wir noch einmal in die Klinik. Frank ist jetzt sehr deutlich anzusehen, daß er große Schmerzen leidet. Die Sauerstoffgabe mußte wieder auf 100% gestellt werden. Ich rufe die Schwester, weil Frank sich dauernd schrecklich zusammenkrampft. Er leidet ganz offensichtlich an Luftnot. Es ist nicht auszuhalten, und doch muß alles ausgehalten werden, von Frank und auch von uns. Die Schwester meint, Franks Befinden sei nicht besonders besorgniserregend. Der Arzt will aber um 23 Uhr kommen.

Von zu Hause rufe ich nochmals in der Klinik an und erfahre, daß die Schwester doch ein Schmerzmittel hätte spritzen müssen. Inzwischen hat Frank es bekommen, und ich bin etwas beruhigter. Meine Hoffnung vom Mittag ist aber wieder in ein tiefes, dunkles Loch gefallen. Elende »Kneippkur« am Herzen! Ich setze mich mit Kopfhörern und Klaviermusik in den Sessel und weine durch geschlossene, müde Augen. Von meinem Bündel Strohhalme lege ich einen nach dem anderen zur Seite, bis ich wieder am tiefsten Punkt meiner Hoffnungslosigkeit angekommen bin. Heute kann mir nicht einmal die Anwesenheit von Hannes und Susanna helfen, die zu trösten versuchen. Am Ende bleibt wieder die Frage: Wie soll das weitergehen, und wie lange? Zerschlagen gehen wir zu Bett.

Dienstag, den 13. April 1982

Heute morgen habe ich mich an Frank und Anne zusammen auf dem Schlitten erinnert, und an ihr fröhliches gemeinsames Lachen. Ich war sehr traurig. Als ich um elf Uhr in der Klinik ankomme, stehen die Ärzte gerade um mein Kind herum. Eine vierte Drainage war notwendig! Wieweit war sie wirklich notwendig, oder wird hier nur das Leiden meines Kindes verlängert? Darauf gibt es wohl keine sichere Antwort. Als ich einen der Ärzte danach frage, richtet sich dieser merklich zu seiner vollen Größe auf und sieht mich von oben herab wutschnaubend an. Einen Moment mustert er mich geringschätzig: Da stehe ich mit wirren Haaren unter der Wegwerfkappe, im viel zu langen Kittel, ich bin klein, noch kleiner fühle ich mich, Kaugummi kauend – der kann mich gar nicht ernst nehmen! Er sieht sich veranlaßt, mich anzubrüllen. Ein Wort gibt das andere, und es wird leider ein richtiger Streit. Ich frage, ob es wirklich notwendig war, ein weiteres Loch in mein todkrankes Kind zu bohren. Darauf brüllt er, ich solle mich mit meinem Zeitschriftenwissen zurückhalten. »Wir bohren keine Löcher, wir legen eine Drainage! Sie werden sich an unsere medizinischen Ausdrücke gewöhnen müssen!«

Ich sage: »Und Sie werden sich daran gewöhnen müssen, daß ich hier als Mutter des Kindes stehe!« – »Unsere Aufgabe ist es, Leben zu erhalten!« – »Aber nicht um jeden Preis«, gebe ich jetzt ebenfalls sehr erregt zurück. Mir ist zum Weinen zumute, der Oberarzt nimmt mich zur Seite, führt mich zu Franks Bett und sagt: »Das ist doch der Chefarzt! Sie konnten ja nicht wissen, daß der auf solche Fragen so reagiert.« Der sei ohnehin ein Choleriker. Ich solle mir das nicht zu Herzen nehmen. Wir sprechen noch lange miteinander, der Oberarzt ist sehr freundlich. Dr. Müller kann meine Fragen gut verstehen, er findet sie nicht ungehörig, meint sogar, daß Ärzte sich immer neu die Frage nach der Leidensverlängerung stellen müssen. Er sagt: »Bleiben Sie bloß so, wie sie sind«, baut mich damit wieder ein wenig auf. Trotzdem fühle ich mich nach diesem Streit sehr schlecht. Ich helfe noch dem Pfleger beim Waschen meines Kindes und fahre nach Hause. Das Gespräch mit Dr. Müller geht mir noch lange nach. Auch seine Frage an mich – ohne zynischen Unterton gestellt: »Wollen Sie die Geräte, an denen Ihr Sohn hängt, abschalten? Daran angeschlossen wurde er eben mit der Aussicht, eine vielleicht 50%ige Überlebenschance zu haben.« Ich bin nicht sicher, ob ich nicht doch alles ausschalten würde. Aber da ist meine unbeschreiblich große Angst vor etwas, was ich nicht kenne, was ich noch niemals gesehen habe: den Tod! Ich habe keine Vorstellung davon, was dann mit Frank ist, noch davon, wie der Augenblick des Todes sein wird. Ich fürchte mich wie wahnsinnig davor, klammere mich so sehr an das bißchen Leben, das noch in ihm ist – auch wenn ich seinem Kampf nur noch mit Mühe zusehen kann.

Meine Schwester hat zu Hause das Essen schon fertig – aber ich fühle einen scheußlichen Druck im Magen. Später fahren wir sie nach Winterhude – es war so hilfreich, sie ein paar Tage bei uns zu haben. Heiner und ich gehen wieder unseren Sohn streicheln, mehr können wir ja nicht tun. Frank ist heute etwas ruhiger als gestern, er bekommt auch Beruhigungsmittel. Der Sauerstoff ist immer noch auf 100% gestellt, die Blutgasanalyse fällt trotzdem schlecht aus. Wir sind so hilflos. Zu Hause besucht uns Christian; wir fahren zusammen in die Klinik, weil er dort Nachtwache hat. Wenn er Zeit hat, will er später auch noch einmal zu Frank hinübergehen. Ich freue mich darüber und denke: Je mehr Streicheleinheiten der Kleine jetzt bekommt, desto besser. Wir bleiben eine Weile bei unserem Sohn, sagen: »Gute Nacht, mein Schatz.« Alles ist entsetzlich traurig.

Mittwoch, den 14. April 1982

Morgens ist ein Gemeindeseelsorger gekommen, um zu fragen, wie es um Frank steht. Er ist hilflos – was soll man dazu sagen? Mit Andreas fahre ich auf dem Fahrrad in die Klinik. Die Sonne scheint, es ist wunderschönes Frühlingswetter. Mein »Draußenkind« Frank hat nichts davon, kann nicht in der Sonne herumtollen. Er sieht wieder sehr dick und hamsterbackig aus. Sauerstoffgabe: 100%. Der Pfleger hat seine von Durchblutungsstörungen immer blauer anlaufenden Beine in die Sonne gelegt, die Wärme soll helfen. Mit einem Arzt sprechen wir nicht, es gibt ja auch nichts Neues, außer möglicherweise Verschlechterungsnachrichten. Franks Aussehen trifft Andreas wie ein Schlag. Zu Hause ruhen wir auf der Terrasse in der Sonne aus, ich kann nicht viel sprechen.

Als wir am Nachmittag mit Susanna in der Klinik eintreffen, sind die Schwellungen etwas abgeklungen. Frank hat eine Blutkonserve bekommen, liest Heiner im Krankenblatt. »Heute?« frage ich. »Ja, heute ist doch der 14. April!« Natürlich, es fällt uns ein, daß heute unser zehnter Hochzeitstag ist. Das »feiern« wir mit Susanna im Schnellrestaurant, stoßen mit Cola darauf an, alles ist etwas grotesk.

Wir holen unsere Anne bei meiner Schwester ab. Sie ist dort schon eingeschlafen und fällt zu Hause sofort wieder müde ins Bett; diese Kleine kommt im Augenblick vollkommen zu kurz; ich habe ein schlechtes Gewissen, daß ich sowenig Zeit für sie habe.

Abends fahren wir noch einmal in die Klinik und finden dort ein schönes Kind; die Schwellungen im Gesicht und am Hals sind fast ganz weg. Es geht Frank aber sehr schlecht, das zeigen alle Daten! Wie lange noch – soll unser Kind so zwischen Leben und Tod hängen? Ich sage zu Heiner: »Frank hängt auch im dunklen Schacht –«, erinnere ihn daran, wie sehr uns damals das Schicksal jenes Jungen berührte, der in einen tiefen Brunnenschacht gefallen und dort – unerreichbar für jede Hilfe – gestorben war.

Unsere Freunde mögen uns nicht allein lassen, und so sitzen wir bis spät in die Nacht zusammen. Obwohl eine quälende Anspannung von mir Besitz ergriffen hat, bringe ich keine Träne heraus, die mir vielleicht etwas Erleichterung schaffen würde. Die Freunde sind alle entsetzt, als wir ihnen gegenüber das erste Mal aussprechen, daß unser Sohn wahrscheinlich sterben wird. Um zwei Uhr nachts fallen wir müde und dennoch schlaflos ins Bett.

Donnerstag, den 15. April 1982

Morgens bringe ich Anne zum Kindergarten. Die anderen Mütter fragen mich, wie es Frank geht. Als ich sage, daß Frank das nicht überleben wird, ruft eine von ihnen entsetzt aus: »Wie können Sie so etwas sagen!« – Ich weiß es selbst nicht, würde auch lieber noch hoffen, fühle mich aber ganz elend.

In der Klinik erfahre ich von Dr. Müller, daß sich Franks Zustand noch sehr verschlechtert hat. Die Blutgasanalyse war so schlecht wie nie, trotz 100% Sauerstoff. Der Oberarzt sagt: Man kann aber die Therapie erst absetzen — das heißt: das Beatmungsgerät ausschalten —, wenn keine Gehirnströme mehr auf dem Monitor verzeichnet werden. So ein Satz! Er sagt eindeutig und unausweichlich, daß irgendeine Hoffnung für das Leben unseres Kindes wirklich keine Berechtigung mehr hat. Einerseits bin ich Dr. Müller für diese Offenheit dankbar, sie wirkt aber trotzdem schockierend auf mich. Nach anderthalb Stunden unaufhörlichen Handstreichelns bei Frank gehe ich nach Hause, tappe eigentlich mehr, fühle mich wie gelähmt.

Ich hole Anne und Daniel vom Kindergarten ab, koche etwas für die beiden. Daniels Mutter kommt und setzt sich dazu. Telefon! Die Klinik! Frank wird voraussichtlich in der nächsten halben Stunde oder bis etwa vier Stunden später »einschlafen« ... Dr. Müller fragt, ob ich kommen möchte.

Mein Herz rast. Heiner anrufen! »Fahr bitte vorsichtig!« Anne bleibt mit Daniel bei Hella. Wir fahren in die Klinik. Gerade hat Frank sich wieder etwas erholt, sagt der Oberarzt. Wir setzen uns ans Bett, nehmen Franks Hände und fangen an zu warten. Mein Blick geht zur Uhr: 15 Uhr. Wir werden nach einiger Zeit ruhiger und erzählen uns leise schöne Dinge von Frank, streicheln ihn die ganze Zeit. Am Abend fährt Heiner nach Hause, um unsere Tochter ins Bett zu bringen. Ich trinke in der Stationsküche einen Kaffee, bringe auch mit Mühe ein Stück Brot herunter.

Dann sitze ich wieder bei meinem Kind am Bett. Das Gefühl einer grenzenlosen Liebe zu ihm füllt mich schmerzhaft aus, und ich schwöre mir, was auch kommt, diese Liebe für immer in mir festzuhalten. Ich denke auch an Gott. Es beruhigt mich in diesem Augenblick, daß ich glauben kann, daß mein Kind nicht in irgendein Nichts geht.

Frank hat jede Menge Schmerz- und Beruhigungsmittel bekommen und sieht deshalb trotz seines mächtigen Kampfes ganz friedlich aus. Um 21 Uhr kommt Heiner wieder. Franks Pulsfrequenz pro Minute ist immer noch 160 — zu hoch zum Sterben! Die Temperatur ist 39,7 — kleiner Backofen, schöne warme Händchen! Gegen Mitternacht fährt Heiner nach Hause;

ich werde anrufen, sobald sich etwas ändert. Ich bin froh, daß ich hierbleiben kann.

Eine Schwester bringt mir Decke und Kissen, ich lege mich in das freie Bett neben Frank. Als ich eine Stunde später wieder aufstehe, weil irgendeins der Geräte bei Frank piept, hat mein kleiner Sohn immer noch regelmäßige Herz-Kreislauf-Funktion, nur seine Temperatur ist auf 40 Grad gestiegen. Ich stelle mich auf weiteres Warten ein, setze mich wieder auf den Hocker neben seinem Bett. Ich weiß nicht, was ich denken oder beten soll, lege müde den Kopf auf meine Arme. Irgendwann habe ich in dieser Haltung noch eine halbe Stunde geschlafen, irgendwann eine halbe Stunde geweint. Und dann wird es tatsächlich wieder Morgen – mit Tageslicht.

Freitag, den 16. April 1982

Seit 16 Stunden warte ich an Franks Bett. Die Schwester hat mir Kaffee gebracht. Wir haben mein Kind gewaschen. Dabei soll auch der Beatmungsschlauch ausgewechselt werden. Da Frank dann immer einen kurzen Moment ohne Beatmung ist, windet er sich wegen Luftnot – ich habe das schon ab und zu gesehen. »Warum soll der Schlauch gewechselt werden?« frage ich die Schwester. »Wegen der Hygiene«, antwortet sie mit einem Seufzer und einem fragenden Blick. Ich sage freundlich: »Ach, lassen Sie das Kind bitte heute ohne Hygiene.« Sie sieht mich an, versteht und packt den neuen Schlauch beiseite. Der Traubenzuckertropf ist gerade zu Ende gegangen, es piept. Ich sage: »Das braucht er eigentlich auch nicht mehr.« – »Nein, ich glaube auch nicht. Wir erneuern es nicht«, antwortet die Schwester fast flüsternd, sieht mich aber fest an. Sie kommt mir stark vor, kann sicher die Tränen aushalten, die mir jetzt wieder kommen. Um halb acht ruft Heiner auf der Station an. Ich höre Anne im Hintergrund lachen. Susanna und Hannes sind bei ihr.

Als Heiner wieder in der Klinik ist, kommt auch Dr. Müller an Franks Bett. Er kann auch nicht viel sagen, aber von dem, was gesprochen wurde, bleibt das Wort »Sterbevorgang« bei mir hängen. Ich kann es ertragen, finde das Wort nicht mehr schrecklich.

Der Oberarzt sagte, daß es hier keinen eigentlich grausamen Sterbevorgang gibt — wegen der medikamentösen Ruhigstellung des Sterbenden. Vielleicht werde ich allmählich begreifen, daß Sterben etwas Normales, zum Leben Dazugehöriges ist — wie Dr. Müller sagte. Ich will jetzt jedenfalls nur noch bei Frank sein, ihn halten und keine Fragen mehr stellen.

Im Laufe des Tages steigt Franks Temperatur auf 42,3 Grad. Einige Dauerinfusionen, auch das Insulin, sind zu Ende gegangen und werden auch nicht erneuert. Frank bekommt nur noch ein Medikament gegen Blutgerinnung, damit gewährleistet ist, daß sein Schmerzmittel noch wirken kann, das er in immer kürzer werdenden Abständen bekommt.

Niemand hofft mehr auf der Station. Ich hoffe ja schon seit einigen Tagen nicht mehr so recht, aber diese offensichtliche Hoffnungslosigkeit rundum ist absolut deprimierend. Die Pfleger und Schwestern, auch die Ärzte betreten kaum noch das Zimmer, in dem wir drei Menschen leiden. Alle warten. Ich habe aber durch die Scheibe das verweinte Gesicht von Schwester Anja gesehen, die sich am meisten um Frank gekümmert hat.

Am Nachmittag habe ich einen schrecklichen Tiefpunkt, Angst und Wut und ein zum Wahnsinn treibendes Ohnmachtsgefühl. Ich möchte den Maschinen um Frank und dem Bett einen Tritt versetzen und selbst aus dem Fenster springen. Heiner ist auch völlig stumm und verzweifelt.

Dr. Müller kommt herein, stellt sich zu uns an Franks Bett. Die Arme hält er über der Brust verschränkt, mit hängendem Kopf betrachtet er wortlos unser Kind: der ganze Mann ein Ausdruck der Hilflosigkeit, des »Ich-kann-nichts-mehr-tun«! Es schüttelt mich, und ich fange an zu weinen. Erst als ich nach langer Zeit aufhöre, geht er leise hinaus. Totenstimmung — ich beginne trotzdem wieder stärker zu werden.

Nachdem eine Ärztin mir versprochen hat, die ganze Zeit an Franks Bett sitzen zu bleiben, gehe ich mit Heiner für kurze Zeit hinaus, um etwas zu essen. Als wir zurückkommen, sitzt sie tatsächlich immer noch in derselben Haltung bei Frank.

Wir nehmen wieder unsere Plätze rechts und links von unserem sterbenden Kind ein. Die Luftansammlungen in Franks Gesicht sind immer weniger geworden, die Schnappatmung wird durch das

Schmerzmittel beeinflußt, so daß er noch friedlicher aussieht. Wir streicheln und streicheln unser Kind. Ab und zu flüstert einer von uns dem Kleinen etwas Liebes ins Ohr.

So lange noch Hoffnung war, haben wir über Franks Zustand und Befinden nie laut an seinem Bett gesprochen. Dr. Müller sagte uns, daß man nie wisse, wieviel ein bewußtloser Patient davon mitbekommt. Heute ist aber alles anders, denn Frank wird unausweichlich sterben! So kann ich auch nicht mehr zu ihm sagen: Es wird alles wieder gut. Ich sage ihm leise ins Ohr: Laß doch los, mein Kind, kämpfe doch nicht mehr so! Ich erzähle ihm von dem wunderbaren Licht, in das er kommen wird, sage ihm, wir bleiben hier bei dir, lassen dich nicht allein.

Heiner geht um 19 Uhr kurz nach Hause, um Anne zu Bett zu bringen. Ich bin seit 28 Stunden in der Klinik und ziemlich am Ende meiner Kräfte. Als aber der Oberarzt dies sagt und fragt, ob ich nicht lieber nach Hause gehen möchte, man würde uns anrufen, wenn es zu Ende sei, sage ich ihm: »Nein, ich will hierbleiben! Ich bin jetzt so lange hier, es käme mir vor wie aufgeben. Und der Gedanke, daß ich hinausgehe und mein Sohn ohne meinen Beistand, ganz allein sterben muß, ist mir unerträglich. Dies ist das Letzte, was ich auf dieser Welt für mein Kind tun kann: bei ihm bleiben bis zum letzten Atemzug.«

Ich setze mich eine kleine Weile in die Stationsküche, trinke etwas, spreche mit einer Ärztin über Franks bevorstehenden Tod. Sie fände es besser, sich jetzt von dem noch Lebenden zu verabschieden. Das Sterben sei hier unromantisch und vielleicht unerträglich für uns. Heiner kommt dazu, und wir sind uns einig. Entgegen der Ansicht der Ärztin wollen wir beide bei unserem Kind bleiben! Soll er in diesem »unerträglichen« Augenblick ohne uns sein?

Franks Pulsfrequenz ist in den letzten zwei Stunden langsam gefallen, das ist auf dem Monitor zu sehen. Ein sicheres Zeichen, daß es nun mit dem Leiden bald ein Ende hat.

Um 20 Uhr 30 versuchen wir, unserem Kind noch näher zu sein. Ich schiebe meinen Arm unter seinen Kopf, lege die Finger an seine Schläfe – dort kann ich seinen Puls fühlen. Den anderen Arm lege ich, unter allen Schläuchen hindurch, auf seine Brust, meinen Mund an sein Ohr, um beruhigend zu ihm zu sprechen.

Heiner nimmt auf derselben Seite — der rechten, weniger zerschlagenen — ein Händchen seines Sohnes in seine Hand. Die andere legt er ihm in die Leiste, wo er auch den Puls spüren kann. So verharren wir dicht bei unserem heißen Kind.

Um kurz vor halb zehn sind wir immer noch in derselben Haltung, dicht über unserem Kind. Der letzte schnappende Atemzug — ist getan. Das Herz schlägt noch langsam weiter. Wir fühlen die letzten Sekunden des Lebens unseres Kindes — warm.

Dann das Piepsen des Monitors, kurzes Abhorchen des Oberkörpers unseres Kindes durch die Ärztin — sie muß mit dem Pfleger schon länger in der Ecke des Zimmers gestanden haben. Jetzt macht sie ihm ein Zeichen mit den Augen. Er stellt das Beatmungsgerät ab — ein ausklingendes Geräusch, dann unvergleichliche Totenstille: Unser Sohn ist eingeschlafen — für immer!

Wir sind allein bei unserem toten Kind. Die Ärztin sagte nur leise: »Bleiben Sie, solange Sie wollen.« Wir weinen und weinen, sagen: nie mehr. Alles ist mir völlig unbegreiflich, ich weiß absolut gar nichts mehr. Wir berühren Frank, sehen uns an, greifen einander hilfesuchend nach den Händen. Friedlich und sehr schön liegt unser Kind da. Seine langen Wimpern heben sich dunkel auf dem leichenblassen Gesicht ab. Heiner pustet ihm leicht das Blondhaar aus der Stirn, sagt: »Mit den Haaren im Wind — nie wieder werden seine Haare so im Wind fliegen!«

Ich ziehe den Beatmungsschlauch aus dem Tubus, löse die Binde, die mehr als zwei Wochen lang den Tubus an der kleinen Nase befestigt hielt. Nun sieht man mehr von dem jetzt ganz entspannten Gesicht. Wir küssen unseren toten Sohn, sagen: Es war schön mit dir, weinen wieder. Wir spüren, daß der Kopf schon kühl wird. »Komm, wir gehen«, wollen ihn so warm, so lieb, so voller Frieden in unsere Erinnerung nehmen.

Zum letzten Mal verlassen wir die Intensivstation. Zuletzt war ich einunddreißig Stunden hintereinander bei unserem Kind — die letzten Stunden seines Lebens.

In der entsetzlichen Leere nach Franks Sterben haben uns unsere Freunde nicht allein gelassen. Sie sitzen immer noch, wie zu Zeiten des bangen Hoffens jeden Abend bei uns. Das tut mir einerseits gut, andererseits hindert es mich ständig am Weinen. Ich kann nicht weinen, wenn ich nicht ganz allein bin. Oder vielleicht kann ich überhaupt nicht mehr weinen? Keine Träne, für gar nichts! Nur ein Gefühl des Zugeschnürtseins, das zunimmt.

Ein Beerdigungsinstitut muß aufgesucht werden. Erstaunlicherweise wird uns hier nicht salbungsvolle Anteilnahme vorgespielt, sondern der Tonfall ist eher sachlich, wie in Geschäftsbesprechungen üblich. Ich weiß nicht genau, wie groß Frank war, doch diese Angabe wird für die Bestimmung der Größe des Sarges gebraucht. Unser Gegenüber weiß schnelle Abhilfe; er ruft die pathologische Abteilung des Krankenhauses an, in welchem Frank starb: »Sie haben da den Leichnam Frank Matouschek liegen, gestorben 16. April, können Sie bitte mal schnell nachsehen, wie groß der ist?«

Vor meinem inneren Auge sehe ich jemanden ein Maßband an mein totes Kind legen, frage mich, wie Frank wohl jetzt aussehen mag. Mich schaudert's, und ich fühle, wie meine Hände und Füße eiskalt werden, als sei ich selber tot.

Unser Kind war nur knapp einen Meter groß, deshalb reicht ein Sarg von hundertzwanzig Zentimetern. Zu den übrigen Notwendigkeiten brauchen wir nur zu nicken: Kiefernholzsarg, hell gebeizt, mit Verschraubungen und Truhenfüßen für die Einäscherung, Sargeinlage, Sterbewäsche: Laken, Kissen, Decke und Sterbehemdchen.

In der Halle: Pflanzenschmuck, Teppich, Katafalkaufbahrung, acht fünfarmige Beleuchtungen, sieben Altarleuchter mit schweren, handgezogenen Kerzen, sechs Vasen mit frischen, bunten Schnittblumen und Ranken, Ordnen der Kranzspenden, Kondolenztisch mit Beileidslisten, Harmonium, Betten und Kleiden des Entschlafenen. Einäscherung, Beisetzung der Urne.

Besorgungen, Bemühungen und Erledigung der Formalitäten. Erschöpft kommen wir wieder nach Hause. Der Text der Traueranzeige muß verfaßt werden. Was mir da spontan einfällt, klingt alles abgedroschen. Ich suche nach etwas anderem. Das Lied vom »kleinen Fratz auf dem Kinderrad« geht uns seit dem Unfall nicht mehr aus dem Sinn. Das paßte so zu unserem Draußenkind. Hundert Karten drucken lassen, hundert Adressen heraussuchen und auf die Briefumschläge schreiben, hundert Briefmarken kleben: hundert Traueranzeigen, eine liebevoll verpackte Schreckensbotschaft auf den Weg geschickt.

> *... mit den Haaren im Wind,*
> *auf den Wangen die Sonne ...*
>
> *... so werden wir dich immer*
> *in Erinnerung behalten.*
>
> ### FRANK MATOUSCHEK
>
> 20. 4. 76   16. 4. 82
>
> Durch einen tragischen Unfall wurde unser kleiner Sohn Frank so schwer verletzt, daß Gott ihn zu sich genommen hat. Er ist friedlich eingeschlafen – aber wir sind traurig.
>
> Die Trauerfeier findet am 29. April 1982, um
> 15.45 Uhr,
> in Ohlsdorf, Krematorium Halle B, statt.

Schließlich müssen wir auch noch losziehen, um ein schwarzes Kleid zu kaufen. Alles ist so unausweichlich. Ich fühle mich der Zeremonie ausgeliefert.

Die Trauerfeier

Ich habe hier sehr deutlich das Wort »Abschied« gefühlt. Nicht Trennung. So weit bin ich noch nicht, daß ich wirklich wüßte, was Trennung bedeutet. Aber Abschied schon. Ich empfinde einen Abschied, der bis in mein Innerstes reicht, Abschied von vielem, was mir lieb war. Noch kann ich nur ahnen, daß ich heute nicht nur den traurigen Abschied von meinem Sohn erlebe, sondern daß in diesem Sarg eben auch Teile von mir liegen, die es zu verabschieden gilt! Abschied von der Lebendigkeit überhaupt. Dennoch tröstende Worte in dieser Abschiedsfeier. Vertröstend auf ein Wiedersehen in der Ewigkeit. Daran habe ich immer geglaubt, das war ein Kernpunkt meiner Gläubigkeit, dieses Wiedersehen. Heute habe ich trotzdem Angst. Ich möchte gerne glauben und fühlen, was der Chor zum Schluß singt: »Nun weiß ich, wo du bist! / Es rief dich Jesus Christ / zur ew'gen Ruh' nach droben, / fällt mir's auch schwer zu loben / und kommt es hart mir an, / was Gott hier hat getan. / Schweig doch mein Herze still / in meines Gottes Will'.«

In mir schreit es aber immer nur: Nie mehr Frank, nie mehr, nie mehr! So gehen wir drei hinaus, Heiner, Anne und ich. Und dieses »nie mehr« nehmen wir mit.

Die vielen Gesichter – ich mag nicht hoch sehen. Um dreihundertfünfzig Menschen stehen an diesem Tag bei uns. Viele fühlen vielleicht wie wir das Entsetzen. Ich halte Annes kleine Hand in meiner und denke: Ein vierjähriges Kind soll sich mit dem Tod ihres Bruders auseinandersetzen, mit dem es jeden Tag zusammen war – bis jetzt sein Leben lang.

Vor dem Portal reichen uns viele die Hände, sagen etwas, manche umarmen uns, auch solche, die wir kaum näher kennen. Ich bin so leer, und empfinde den Trost auch als leer, erlebe aber alles überdeutlich. Fühle mich fast so, als sei ich doppelt hier, einmal als Betroffene, zum anderen als Beobachter.

Ich weiß, daß sie alle es ja gut meinen, schaffe es aber trotzdem kaum, auch noch die Bemerkungen von Leuten wohlwollend entgegenzunehmen, die jovial schulterklopfend meinen: »Na, komm, bist noch jung genug, kannst neue Kinder kriegen.« Dagegen tut es mir gut, die Tränen anderer zu sehen, denn da fühle ich

Nähe zu meinem Schmerz. Ich bringe keine einzige Träne heraus, zu viele Leute sind hier.

Die »Trauerpost« — 70 schwarzgeränderte Briefe — beschäftigt uns an jedem Morgen. Ich halte die Beileidsbekundungen etwas ratlos in der Hand, weiß damit kaum etwas anzufangen: Manches irritiert mich, manches macht mich wütend, die wenigsten Worte empfinde ich als tröstend. Offenbar ist dies eine Angelegenheit, bei der am einfachsten gebräuchliche Formulierungen benutzt werden. Es fällt mir schwer, echtes Mitgefühl herauszuspüren.

Die meisten haben eine Karte gekauft, die schon von vornherein einen Aufdruck hat, wie »Aufrichtige Anteilnahme«, »Herzliche Teilnahme« oder »Herzliches Beileid«. Manchmal steht innen nur der Familienname, vielleicht noch der Zusatz »— versichert Ihnen ...«. Auf einigen Karten stehen Bibelzitate, wie »Dein Wille geschehe«. Ich frage mich, ob es wohl wirklich Gottes Wille war, daß mein Kind so leiden mußte, nur so kurz leben durfte? Habe nicht die Kraft, dieser Frage genauer nachzugehen.

Noch heftiger fordert mich jedoch eine andere Formel heraus: »Es hat Gott gefallen, Euer Kind ...« Ohnmächtige Wut packt mich! Das kann niemals Gott gefallen haben, nein, das kann nicht sein, darf nicht wahr sein. Denn einen solchen Gott kann ich nicht lieben! So erschiene er mir eher grausam als göttlich.

Ein Seelsorger der Gemeinde, in die ich als Kind mit meinen Eltern ging, versichert uns schriftlich: Gottes Gedanken seien Gedanken des Friedens und nicht des Leides, der Kleine sei in der Liebe Gottes geborgen, »euch mag der treue Gott in eurem Leid reichlich trösten«. Für mich paßt das alles nicht mehr so recht zusammen. Das kommt mir boshaft-gütig vor, dieses häßliche Bild Gottes, das mir hier gemalt wird: Es ist mir widerwärtig! Ich will lieber fest daran glauben, daß mein Gott mit Franks Tod nichts zu tun hat. Denn gab Er nicht den Menschen den freien Willen? Könnte es nicht eher so sein, daß Er entsetzt ist über seine Menschen, die sich Vehikel bauen, die so gefährlich sind, daß viele von ihnen damit zu Tode kommen? Es war ein Auto-Unfall, an dem mein Sohn sterben mußte — und das kann Gott nicht gefallen haben! Frank war doch auch in unserer Liebe geborgen! Er hatte es gut bei uns. Sollte Gott erst grausam sein und dann »reichlich trösten«? Niemals! Meine Wut ermüdet mich. Die übrigen Bibelsprüche auf den Karten gehen alle etwa in die Richtung, daß wir stillhalten sollen, Gottes Wege gehen, auch wenn wir sie nicht verstehen. Und falls wir es noch nicht wissen, bekommen wir es noch einmal schwarz auf weiß: In Gottes Hand liegt Anfang und Ende! Die Nachbarin, die zwei Häuser weiter wohnt und diese Karte aussuchte, traute sich damit nicht an unsere Haustür, sondern schickte sie mit der Post.

In unserer Kirche wurde gesagt: Trösten heißt einen Mangel beseitigen. Diesen Mangel jedoch, mein fehlendes Kind, kann niemand beseitigen. Das einzige, was für mich ein wenig tröstend wirkt, ist, wenn jemand mein Entsetzen teilt, ohne sofort eine Erklärung, gleich welcher Art, für das, was uns widerfahren ist, parat zu haben. So steht auf einer Karte: Wir werden Euch mit nichts trösten können! Auf einer anderen: Wir sind Euch in herzlicher Liebe verbunden. So was hat mir doch gutgetan, es war besser als alle noch so gutgemeinten Sprüche.

Die ganz wenigen, wirklich unkonventionellen Briefe, die wir nach Franks Tod erhielten, beinhalten am besten das, was wir brauchten. Eine Wohngemeinschaft von drei jungen Leuten in der Nachbarschaft schrieb uns etwas darüber auf, was Frank für sie war. Das hat mich gefreut, weil es nicht so abgehoben klang wie die Bibelsprüche, weil es keinen spirituellen Sinn in Franks Tod suchte. Es wurde uns darin auch nicht vorgeschrieben, was wir fühlen oder tun sollten, und diese lieben Leute versicherten uns auch nicht platt, sie wüßten, was wir empfinden! Die wenigen Zeilen lese ich heute noch gern: »Liebe Familie Matouschek, wir sind betroffen von Franks Tod. Frank war bei uns ein gerngesehener Gast. Mit seiner Wildheit, seinen Albereien und seiner Hilfsbereitschaft brachte er oft frischen Wind in unser Haus. Mit Frank haben wir einen kleinen Freund verloren, den wir alle gern mochten.«

Ich konnte über diesen Worten weinen. Jemand hat mal gesagt: Es gibt keinen besseren Trost, als einen Trauernden zum Weinen zu bringen.

Die Urnenbeisetzung am 13. Mai 1982

Ich ging nur mit Heiner, meiner Tante, die das Blumengesteck angefertigt hatte und es auf dem Grab plazieren wollte, sowie mit einem Seelsorger der Gemeinde hin. Aus der Kapelle kam uns der Angestellte des Beerdigungsinstituts mit der Urne in den Händen entgegen. Er war auf groteske Weise verkleidet: zu kurze Stresemannhose mit altmodisch weitem Schlag, Zylinderhut. Er sprach aufgesetzt würdig und betont langsam mit uns: »Wenn Sie sich bitte versichern wollen, daß dies wirklich die Asche Ihres Kindes ist« – er wies auf ein auf der Urne angebrachtes Namensschild.

Würdigen Schrittes ging er langsam vor uns her – über den matschigen Hinterhof der Kapelle, mit sich auf den Spaten stützenden, unverholen neugierig schauenden Gärtnern, zur Beisetzungsstelle. Dabei wippte er gemessen und hielt die Urne mit fast ausgestreckten Armen. Seine Beinschläge flatterten im Wind. Die Szene entsetzte mich. Ins kleine – 40 mal 40 cm große – Matschloch, das Franks Grab werden sollte, ließ er die Urne in Stuhlbeintiefe hineingleiten.

Dann rief er plötzlich ziemlich laut: »Nun wollen wir Ihres lieben Verstorbenen gedenken!« Ruckartig ließ er sein Kinn auf die Brust fallen, um es – wahrscheinlich, nachdem er bis zehn gezählt hatte – ebenso ruckartig wieder zu heben und ein paar Schaufeln Matsch auf die Urne zu werfen. Ich war fassungslos.

Alles Weitere – seinen Händedruck, das kurze Gebet unseres Seelsorgers, meine Tante, die die Schleifen rund um das Blumengesteck drapierte – registrierte ich nur noch durch einen dichten Vorhang des Entsetzens. Diese Handlung und dieses unwürdige Matschloch bildeten also den Schluß für das Leben meines Kindes Frank, hier war es wirklich und wahrhaftig zu Ende?! In mir brach und barst alles auseinander und das lähmende Entsetzen ergriff mich bis in alle Winkel meines Seins.

Ein Jahr später, 6. Juli 1983

Wenn es so ist, daß Gott die Lebensfäden der Menschen in seiner Hand hält, so muß es wohl bündelweise sein — meiner ist ihm dabei entwischt. Sterben. Nach den quälenden Gedanken — ich nenne sie immer Kreisgedanken — der vergangenen Monate ein beruhigender Gedanke. Sich nicht mehr auseinandersetzen zu müssen, sich nicht mehr ungehört zu fühlen und deshalb unverstanden. Ein beruhigendes Gefühl, einen — wenn auch subjektiven — Ausweg zu wissen. Er bedarf allerdings auch einer gewissen Konsequenz. Also: Alle Tabletten nehmen! Davon habe ich mehr als genug — um zu sterben.

Seit Anfang des Jahres hat Heiner mich von Arzt zu Arzt geschleppt, weil meine Migränephasen jetzt schon länger als zwei Wochen dauern und meine Schlaflosigkeit zu einem Dauerzustand geworden ist.

Ich wurde gründlich untersucht. Lächelnd sagte mir jeder Arzt am Ende, daß ich mich freuen könne, denn ich sei kerngesund! Ein Rezept für Schlaftabletten gaben mir allerdings alle mit; denn hauptsächlich müsse dafür gesorgt werden, daß ich wieder schlafen könne. Ich nehme jedoch keine Schlaftabletten oder Tranquillizer ein, denn ich erinnere mich noch genau an deren Wirkung, als sie einmal wegen Überreiztheit genommen hatte. Man fühlt sich dabei wie in einem Glaskäfig, Panzerglas. Zwar kann einen das Unangenehme nicht mehr beeindrucken, aber man findet auch kaum noch einen Weg, etwas von dem, was quält, herauszulassen. Das empfinde ich schließlich auch als eine scheußliche Situation — und letztlich nicht hilfreich. Jetzt habe ich hier also mehrere Packungen — eine insgesamt todbringende Dosis. Bei diesem Gedanken läuft mir ein Schauer der Zufriedenheit über meinen Rücken, diesen in letzter Zeit schmerzgeplagten, ganz verspannten. Es ist mir deutlich, daß dies eine Lösung aller meiner Schwierigkeiten und das Ende einer unerträglich traurigen und einsamen Zeit sein wird.

Herzklopfen, als das Glas Mineralwasser und die Tabletten bereit stehen. Ich habe geduscht, meine Kuscheldecke zurechtgelegt, alles rundum in Ordnung gebracht. Anne ist einige Tage verreist, Heiner kommt erst nachts nach Hause — ich habe ihm noch ein paar Worte aufgeschrieben. Herzklopfen, trotz der Entschlossenheit. Ich habe eine Ungeheuerlichkeit vor! Alle würden sagen: Nein, das darfst du nicht! Musik muß ich dagegen haben, ich wähle die ruhige Harfenmusik. So habe ich ohne Hast die Tabletten genommen. Bin ans Fenster gegangen, und habe gedacht: Schön, ich habe sie in mir, jetzt muß alles seinen Lauf nehmen.

Die Musik noch einmal von vorne laufen lassen. Mich unter die Decke kuscheln. Durch die Terrassentür sehe ich auf die Kletterrosen. Die Sonne scheint noch am Abend. Ich habe keine Angst, ich bin nicht traurig, und ich weiß, daß es für mich auch nie wieder dieses Gefühl Angst oder Trauer oder Hilflosigkeit oder Unfähigsein gibt. Ich bin glücklich. Mir ist schön warm, und ich bekomme keine Magenschmerzen. Die Musik ist wunderschön. Ich schlafe ruhig ein.

Nie wieder vergesse ich dieses absolut freie Gefühl dieser Minuten. Aber Heiner ist, irgendeinem plötzlichen Gedanken folgend, sehr viel früher als beabsichtigt nach Hause gekommen!

Die Szenen aus dem Krankenhaus sind für mich nur schemenhaft, aber äußerst widerwärtig. Ich bin noch nicht weit genug weg, um nichts mehr davon zu merken: gezwungen, eine Riesenmenge Salzwasser zu trinken, das quälende Holzstäbchen, mit dem sie mich zum Erbrechen bringen. Sie müssen kräftig zupacken, um mich dabei halten zu können – noch Tage später habe ich blaue Flecken an der Schulter, auf den Armen. Das Brüllen einer Schwester: »Das ist nur Kohle! Das müssen Sie noch trinken!« Weg, Dunkel.

Heiners Gesicht frühmorgens, als ich das erste Mal wiederauftauche. Meine Enttäuschung! Matt sage ich zu ihm: »Schade, daß das nicht geklappt hat.« Bin noch nicht klar genug, um mir vorzustellen, daß das ein neuer Schlag für ihn sein muß. Er geht wieder.

Ich schlafe, bin noch nicht ganz zurück. Trotzdem ahne ich jetzt schon, daß ich mich doch wieder auseinandersetzen muß, Erklärungen abgeben werden muß ...

Irgendwann wird mir ohne Ankündigung der Katheter mit einem Ruck herausgezogen. Die Schwester brüllt: »Na, meine werte Dame, was wollen wir denn frühstücken?«

Den beleidigenden Unterton höre ich, mache einen Abwehrversuch: »Sie brauchen mich nicht ›meine werte Dame‹ zu nennen, wenn Sie's nicht so meinen.« Trotzig entgegnet sie: »Sage ich aber!« Mein Bett steht auf dem Gang. Es ist hier furchtbar laut, ich erschrecke dauernd.

Eine Ärztin kommt und entfernt mir den Tropf, beugt sich über mich. »Die sollen mich hier nicht so anbrüllen und nicht so die Türen schmeißen —«, sage ich verzweifelt. — »Und Sie sollen nicht so aggressiv sein. Wir können nicht Ihretwegen das gesamte Personal auswechseln.«

Ich begreife diese Antworten mit dem bösen Tonfall nicht. Das habe ich erst begriffen, als ich wieder ganz klar war: Die mögen im Krankenhaus keine Selbstmörder, die ihre Lage selbst verschuldet haben und damit auch noch anderen Arbeit machen.

Ein befreundeter Arzt sagte mir später dazu: Wenn die im Krankenhaus nach mißglücktem Suizidversuch zu lieb zu so jemandem sind, können die doch gleich damit rechnen, daß sie ihn am nächsten Tag wegen derselben Sache eingeliefert bekommen, weil er sich wieder seine Streicheleinheiten holen will!

Ein Professor fragt während der Morgenvisite vorwurfsvoll: »Wieso haben Sie denn das gemacht?« Gleichzeitig wendet er sich jedoch zum Gehen. Dann will ein Neurologe mit mir sprechen. Er bringt mir einen Kittel, den ich solange überziehen kann. Ein Stich geht mir durchs Herz, ich sage: »Ach, dies kenne ich! So was habe ich letztes Jahr vierzehn Tage lang auf der Intensivstation anziehen müssen, auf der mein kleiner Sohn gestorben ist.«

Der Neurologe fragt nach den Beweggründen, meinem Leben ein Ende zu machen. Ich sehe an mir herab, finde so schnell keine Worte für meine Qual. Meine rotlackierten Fußnägel erscheinen mir auf einmal grotesk, peinlich. »Sehen Sie, ich habe bis zum Schluß immer noch gut funktioniert. Immer gepflegt, frisiert und lackiert, die Wohnung tipptopp. Aber das ist es eben gerade: Ich habe zuletzt nur funktioniert, nicht wirklich gelebt. Ich hatte zehn wunderschöne Jahre, in denen ich das Leben wie einen Dauerlutscher genossen habe. Dann ist mein Kind gestorben. Ein halbes Jahr später haben wir die zu Tode krebskranke Mutter meines Mannes zu uns genommen — ich saß bei ihr, als sie starb, war dabei, als die Leiche in den Sarg befördert wurde. Das war alles zuviel für mich; ich glaube, daß ich gänzlich ungeeignet bin, so was auszuhalten. Ich weiß nichts mit meiner dauernden Traurigkeit anzufangen. Es ist, als ob Freude schon von meiner Oberfläche abprallt, nie mein Innerstes erreicht. Davon hatte ich früher soviel, genug für ein ganzes Leben. Jetzt habe ich zwei Menschen, die mir lieb waren, sterben sehen, habe den Tod kennengelernt. Nun ist es genug, es war schon alles drin in meinem Leben. Genug gelebt. Es war ganz schön, aber nun reicht's.«

So habe ich versucht, es klar auszudrücken. Der Arzt ist freundlich, vielleicht sogar verständnisvoll, will wissen, ob ich jemanden hatte, mit dem ich über alles sprechen konnte. Überwiegend muß er sich gemerkt haben, daß ich gesagt habe, ich hätte keine Möglichkeit, meinem Mann genau zu vermitteln, wie schlecht es mir gehe.

Er schlägt eine Eheberatungsstelle vor. »Wollen Sie das machen?« Ich sage ja, bin am Ende, kann den Doktor kaum richtig sehen, möchte schlafen. Ich wanke auf mein Zimmer zurück und falle ins Bett.

Vom Essen, das man mir mittags hinstellt, kann ich nichts herunterbringen, denn ich kann nicht richtig schlucken. Es flimmert mir vor den Augen, ich kann auch nicht deutlich sehen – das Gift wirkt noch.

Heiner kommt, aber ich sage: »Ich muß unbedingt schlafen.« Er geht hinaus, kommt aber gleich darauf wieder: »Die wollen hier, daß du dich zu Hause ausschläfst.«

Ich springe sofort aus dem Bett. »Dann komm!« Die Ärztin, die mich als aggressiv bezeichnet hat, reicht uns draußen auf dem Gang einen Brief für den Hausarzt. »Auf Wiedersehen und alles Gute« – ich glaube ihr nicht, sage trotzdem danke. Ins Auto, schnell nach Hause, schlafen – schlafen!

Tage mit vielen Gesprächen, mit Susanna, mit meiner Schwester und mit Heiner. Ich stehe neben mir, bin eigentlich tot. Meine Bewegungen sind noch etwas unkoordiniert, ich greife oft daneben, muß mich festhalten, weil mir schwindlig ist. Langsam sehe ich wieder besser.

Bei den Gesprächen habe ich viel geweint. Irgendwie ahne ich, daß ich nicht nur Franks Tod beweine, daß meine Traurigkeit viel weiter zurückreicht, jetzt wie ein Krebsgeschwür an meinem ganzen bisherigen Leben nagt. Ich finde auf einmal überall Trauer. Ich fühle überall Schmerz, auch ganz alte Schmerzen, die ich versucht hatte, mit Nichtbeachtung zu übertünchen. Später habe ich das in einem Buch der Alice Miller wiedergefunden: Trauer löst verdrängte Gefühle aus der Erstarrung. Mir scheinen auf einmal alle bedrückenden Szenen meines Lebens aus meinem Inneren aufzutauchen, alles, was ich als Unrecht empfunden habe, alles, was mich je verletzt hat.

Meine Mutter kommt, obwohl ich durch meine Schwester bestellen ließ: Ich möchte die Eltern erst einmal nicht sehen. Das haben sie als Vorwurf gewertet. Meine Mutter will jetzt sofort von mir wissen, was sie sich vorzuwerfen hat. Alles ist viel zu anstrengend für mich, aber auf den Gedanken kommt sie überhaupt nicht, sondern rechtet mit mir herum.

Als sie geht, fühle ich mich schlecht, in der Tür hat sie geweint. Ich habe ein schlechtes Gewissen — das ich verfluche. Wieso schafft sie es immer wieder, daß ich damit zurückbleibe? Ich werde das Gefühl nicht los, daß sie ihre Tränen zu diesem Zweck einsetzt — ein abgekartetes Spiel, auf das ich immer wieder hereinfalle. Sie überfordert mich dauernd mit dieser Welle der Emotionen, die mit ihr hereingeschwappt kommt. Ich leide unter ihren dramatischen Auftritten. Wenn sie sich etwas zurechtgelegt hat oder etwas will, bringt kein Argument auf der Welt sie davon ab, in solchen Augenblicken geht ihr ihre sonstige Sensibilität völlig ab.

Am Sonntagabend kommen Hannes und Susanna und mein Freund Christian. Er weiß durch Susanna von dem Selbstmordversuch. Obwohl alle deshalb gekommen sind, schaffe ich es nicht, über meine Situation zu sprechen, kann nur andeutungsweise mit dem Geschehenen herumkokettieren — es kommt mir jetzt selbst alles so ungeheuerlich vor. Ich mache ein paar albern-sarkastische Bemerkungen darüber, aber als sie gegangen sind, schäme ich mich dafür.

Susanna hat ihrer Schwester, die Psychologie studiert, von mir erzählt, und sie will ihren Dozenten fragen, ob er jemanden wüßte, der so schnell wie möglich bereit wäre, eine Gesprächstherapie mit mir zu beginnen. Es ergibt sich, daß er gerade selbst dafür Termine freihat. Ich brauche nur anzurufen. Heiner möchte, daß ich die Hilfe eines Psychologen annehme. Er weiß zwar auch nicht, wie diese Hilfe aussehen soll, sucht aber verzweifelt danach — für mich, für uns. Daß ich nicht mehr leben mag, trifft ihn mehr als mich selbst, so kommt es mir vor. »Die Initiative, der erste Anruf, muß vom Patienten kommen«, hatte Susanna zu uns gesagt.

Mit halbem Herzen habe ich das am Mittwoch getan. Der Therapeut ist freundlich, hat eine mir sympathische Stimme, die eher frisch als – wie ich erwartet hatte – verstaubt klingt. Aber meine inneren Vorbehalte und Hemmungen sind wieder einmal nicht zu beschreiben. Wo bin ich gelandet? Beim »Seelendoktor«! Ich weiß, daß ich mich dafür verachten würde, wenn mir nicht im Augenblick alles gleichgültig wäre. Und irgend etwas muß ja schließlich auf diesen Suizidversuch folgen.

Für morgen haben wir einen ersten Termin vereinbart. Ich werde hingehen, obwohl ich keinen Sinn darin sehe: Was soll ich *dem* erzählen? Mein Leben ist gelebt ... Was kann er mir schon sagen? Am Nachmittag habe ich lange mit Christian telefoniert, mich für die komische Stimmung am Sonntag entschuldigt und ihm gesagt, wie es mir wirklich geht: daß ich mich vollkommen leer fühle. Sein bloßes Interesse tut mir gut.

Donnerstag, den 14. Juli 1983

Ich war heute das erste Mal bei »meinem« Psychologen. In meinen Ohren klingt das lächerlich und erinnert mich an jene häufig mit verächtlichem Gesichtsausdruck gesprochene Bemerkung: »In Amerika hat doch jeder seinen Psychologen.«

Dieser hat jedenfalls auch eine Katze, und in seinem Wohnzimmer hängen Fotos von meiner Trauminsel, auf der ich vor fast zehn Jahren mit Heiner war. Scheint auch seine Trauminsel zu sein. »Das sieht aus, wie auf Sri Lanka«, sage ich. »Ist auch auf Sri Lanka«, bestätigt er strahlend. Schon hatten wir einen Gesprächseinstieg.

Er forderte mich auf, Platz zu nehmen. Mechanisch lasse ich mich in den einzeln stehenden Sessel gegenüber der Couch fallen, eine »Sitzordnung«, die wir eigenartigerweise immer beibehalten haben. Ich kann aus dem Fenster sehen.

»Was führt Sie zu mir?« Ich hätte mir ja denken können, daß er mich das fragen würde, trotzdem brauche ich jetzt lange, bis ich mich entschließen kann, mit einer einfachen Aufzählung der Ereignisse zu beginnen: Franks Unfall und Tod, das Sterben von Heiners Mutter, mein Selbstmordversuch.

Ich versuchte zögernd, dem Therapeuten zu erklären, welche Kreisgedanken mich in dem Jahr zwischen Franks Tod und meinem versuchten Suizid geradezu am Leben gehindert haben. »Ich kann mich über nichts mehr freuen, so abgedroschen das auch klingt. Ich bin nicht mehr, die ich war, verstehe meine Umwelt nicht und fühle mich meinerseits unverstanden. Die Lebensäußerungen der Freunde sind mir fremd, ebenso wie mich meine eigenen Regungen befremden. Die Sorglosigkeit und Unbeschwertheit der anderen – schon deren bloße Fröhlichkeit – steht in krassem Gegensatz zu meinem Fühlen. Ich weiß, trotz meiner Erlebnisse, mit dem Thema Tod und Sterben ebensowenig anzufangen wie sie, kann andererseits meinen Gedanken auch nicht die Wendung zum Positiven befehlen. Für meine quälende Traurigkeit finde ich nirgends Resonanz, weder bei den anderen noch in mir selbst – wenn man vom Schweigen absieht, das vielleicht doch die einzig mögliche Resonanz darauf ist? Ich denke, daß ich ein zerrissenes Bild abgebe, sowohl wenn ich lache, weil es nicht von innen kommt, als auch wenn ich traurig bin, weil es nicht in das Bild paßt, das ich von mir habe. Hinter keiner Regung stehe ich wirklich, und diese offensichtliche Leblosigkeit macht mich irgendwie kommunikationsunfähig. Franks Unfall war auch mein Unfall: Eigentlich fühle ich mich auch ›verkehrs-tot‹. Ich habe Angst, daran verrückt zu werden oder es schon zu sein.«

Überraschenderweise begleitete Kopfnicken meinen letzten Satz, und sinnig nahm mein Gegenüber eine kleine Buddhafigur, die neben anderen Utensilien auf dem Tisch vor uns stand, schob sie ans andere Ende des Tisches, machte eine Handbewegung in Richtung der Figur und sagte: »In diesem Sinne sind Sie verrückt, nämlich im Gegensatz zu vorher: woanders stehend. Die Geschehnisse haben Sie verrückt.«

Ich war verblüfft – zunächst über die Kühnheit des Therapeuten –, starrte dann wohl eine Weile die Buddhafigur an, als sei sie mir eine Offenbarung. Denn: Hatte der Mann hier nicht recht? Ich suche mich immer noch dort, wo ich nicht mehr bin; meine Freunde übrigens auch.

»Ja, wenn ich herausfinden könnte, wohin ich verrückt bin«, sage ich. Der Therapeut antwortete: »Es könnte für Sie auch wichtig sein, zu wissen, warum Ihre Erlebnisse Sie gerade zu Ihrem jetzigen Standpunkt geführt haben« — er wies wieder auf den verrückten Buddha — »und nicht woandershin. Ich will damit sagen, daß — bei gleichen Erlebnissen — jemand anders sich nicht zwangsläufig in der Situation wiederfinden muß, in welcher Sie jetzt sind. Der Schlüssel zu Ihren Reaktionen auf den Tod liegt in Ihrer »Geschichte«, in dem, was vorangegangen ist. Möglicherweise gab es für Sie gar keinen anderen Ausweg als diesen Suizidversuch.«

Sofort erwiderte ich darauf, daß ich mich auch schon oft gefragt hätte, wieso ich nicht auf meinen Schmerz mit Lebenstüchtigkeit reagieren konnte, wie ich es in tausend anderen Situationen von mir gewohnt war. Ein Satz macht sich in meinem Hirn breit: auf die Sprünge helfen. Ob dieser Psychologe D. das leisten kann, mir selbst auf die Spur zu kommen?

Während ich meine Schuhe wieder anziehe — mir ist diese gedankenlose Gemütlichkeitsangewohnheit, die Schuhe ausgezogen zu haben, in diesem Moment peinlich —, beschließe ich, einstweilen jedenfalls wiederzukommen.

Freitag, den 15. Juli 1983

Heute morgen habe ich den Fragebogen für die »Psychologische Beratung«, den D. mir mitgab, ausgefüllt. Es werden auch einige Fragen zur Kindheit gestellt. In diesem Zusammenhang schrieb ich einen Satz über die Angst vor den jähen Zornesausbrüchen und den wutblinden Schlägen meines Vaters nieder. Das hat mich sehr aufgewühlt und diese uralte Angst wieder zutiefst empfinden lassen. Der Stand der Dinge ist diesbezüglich der, daß ich schon innerlich schlottere, wenn er in meinem Beisein beginnt, sich über irgend etwas, was auch immer es sei, heftig in Rage zu reden. Einmal möchte ich ihm sagen: Ich habe keine Anst vor Dir. Wird das nie sein?

Für heute hat Christian mit Susanna ein Fest mit Hammelgrillen organisiert und alle Freunde — wir kennen uns durch viele gemeinsame Aktivitäten verschiedener junger Leute der Kirchengemeinden – dazu an die Ostsee eingeladen. Obgleich ich keine Lust auf so viele Leute habe, reizt mich der Gedanke, alle wiederzusehen, obwohl ich doch eigentlich tot wäre.

Gegen Abend haben wir die Sachen gepackt und sind an die See gefahren. Der Platz liegt herrlich am freien Strand. Eine lange Mauer zur Strandbefestigung kann uns als Tisch dienen. Eine Mulde, mit Ackerwinde ganz überzogen, ist der Lagerplatz. Neben der Mauer brät schon der Hammel am Drehspieß.

Wir sind alle nackt baden gegangen. Noch niemals war mir ein Gefühl so bewußt wie jetzt das kalte Wasser an meinem Körper. Ich bedaure, daß ich das nie vorher so deutlich erlebt habe.

Erst um 11 Uhr abends konnten wir uns – im wahrsten Sinne des Wortes – über den Hammel hermachen. Es war schon dunkel, und im Sand steckten überall Fackeln. Meine kleine Anne ist so lange aufgeblieben, bis sie fast vor Müdigkeit umgefallen wäre. Ich habe noch lange mit Christian am Feuer gesessen und wäre gern in dieser wortlosen Stimmung versunken. Später schlief ich eine Stunde im Zelt. Länger geht es nicht, in meinem Hirn rattern wieder mal die Kreisgedanken, der besänftigende Zauber des vergangenen Abends ist verflogen.

Ich bin lange allein am einsamen Strand entlanggelaufen – das hat, zumindest nach außen, meine Ruhe wiederhergestellt. Am Nachmittag treffen wir alle in Hamburg wieder. Jemand aus der Clique hat Geburtstag. Ich bin eigentlich zu müde, mochte aber nicht unhöflich erscheinen und absagen. Immer denke ich, daß ich muß! Ich habe wieder überwiegend negativ gefühlt: kalt, müde, keine Lust zum Frisbeespielen, weil ich es nicht so gut kann, unfähig, mich am Gespräch zu beteiligen, das mich nicht betrifft. Schließlich zerbricht auch der Rest an gutem Gefühl in mir, als neben mir Christian mit einer Krankenschwester ein Gespräch über Lungenkrankheiten anfängt. Allein bei dem Wort »Pneumothorax« gehe ich innerlich in die Knie. Als auch noch von Blutgasanalysen die Rede ist, spüre ich wieder die Todeskälte meines Kindes. Vollkommen zerschlagen fahre ich mit Heiner nach Hause.

17. Juli

Am Sonntagmorgen erwache ich nach dumpfem Schlaf. Auch wenn ich einmal mehrere Stunden geschlafen habe, so wie jetzt, fühle ich mich nicht erholt. Das zerschlagene Gefühl vom Abend vorher ist sofort wieder da. Ich denke, denke, denke. Wenn ich leben will, das weiß ich, müßte ich aufräumen! Dabei fühle ich mich so, als hätte in meiner geordneten Gedankenwelt eine Saalschlacht stattgefunden. Ich stelle mir vor, ich hänge am Kronleuchter — selbst der wackelt noch. Nirgends etwas, was Halt bietet, nichts, was mir nicht unter den Füßen wegrutscht. Als Besitzer dieses Saals müßte ich anfangen aufzuräumen, aber mich hemmt der Gedanke, daß ich nicht weiß, was unter dem ganzen Schutt überhaupt noch lebt oder heil ist. Das Bild beschreibt perfekt meine von Angst erfüllte Lebenshemmung.

Es macht mir Sorgen, daran zu denken, was Christian über Psychotherapie gesagt hat: es sei vergleichbar einer Art seelischen Beischlafs. Ich muß mit D. darüber sprechen.

Freitag, 22. Juli 1983

Bin um halb fünf aufgewacht und leise nach unten ins Wohnzimmer gegangen. Die Sonne scheint schon — aber ich empfinde immer noch Furcht vor dieser unabänderlichen Dauermelancholie des vergangenen Jahres, die mich an der Freude hindert. Ich kann mich so selbst nicht leiden, will meine Lust am Leben wiederhaben — oder sterben.

Mein Glaube bewirkt im Augenblick auch keine Änderung; in dieser Hinsicht fühle ich mich gefesselt und geknebelt, bezweifle einfach alles, was früher ein fester Bestandteil meiner Gedanken war.

Heiner ist sehr lieb zu mir, versucht, mich ein wenig auszufragen. Ich habe ihm gesagt, daß es für mich belastend ist, meinen Eltern zu begegnen. Vielleicht liegt das daran, daß ich in den Therapiestunden soviel von meinen bedrückenden Kindheitserlebnissen spreche, sie überhaupt erstmals einem »Fremden« erzähle.

Auf der Geburtstagsfeier meiner Nichte meinte ich, fortwährend anklagende Blicke meiner Mutter zu spüren. Das kann ich nicht gut ertragen und noch weniger das »so-tun-als-ob-nichts-ist« meines Vaters. Ich glaube zu wissen, daß auch sie meinen, genau wie alle Bekannten, ich müßte mich ja nun langsam wieder mal einkriegen. Traurigkeit haben sie immer nur mit den Worten bedacht: Wieso ziehst du ein langes Gesicht? Lebensuntüchtigkeit haben sie nie geduldet, weder bei sich selbst noch bei anderen. Mir kommt das auf einmal recht erbarmungslos vor. Wo bin ich nur all die Jahre mit meiner Angst geblieben? Nach innen, nach innen! Frohsinn war gefordert. Los, singen!

Samstag

Beeindruckend, mit was für einer gleichgültigen Unbeeindruckbarkeit die zwei »Arbeitsmänner« – das ist Franks Ausdruck gewesen – Unmengen von Dreck und Staub in jede Ecke befördert haben. Dabei sind in unser Häuschen auch neue Fenster eingebaut worden. Mitten in dem ganzen Schutt, der mich den Tag über an den Zustand in meinem Kopf erinnerte, haben wir Eiskaffee getrunken. Sachen habe ich von jeher besser bewältigt als Gefühle.

Mein Frank hat mir heute gefehlt, der hätte an so was seine helle Freude gehabt, wäre immer mittendrin gewesen und hätte nichts ohne Kommentar gelassen. Anne hat sich lieber abwartend in die Sandkiste verzogen, wo auch der Kater Zuflucht fand.

Zur Abwechslung haben wir mal wieder ein Kino besucht. »Es soll was Lustiges sein«, sagte ich etwas verkrampft zu Heiner. Wir sahen »Tootsie«, eine Komödie mit verwickeltem Inhalt, die im Schauspielermilieu spielt. Ich habe auch wirklich gelacht und mich in dieser Welt voller komischer Gefühlsdarstellungen und Gefühlsüberschwang sofort zu Hause gefühlt.

Ich weiß, daß ich selbst so ein Mensch bin, nur kann ich mich jetzt oft nicht mehr so leiden, wie ich bin, nämlich: ein von seinen Gefühlen beherrschter Mensch. Ich kann das aber nicht abschütteln, will es auch kaum, wenn es um fröhliche Dinge geht. Die nimmt einem ja jeder gerne ab. Aber meine ebenso heftige Traurigkeit? Da wäre ich lieber ein Stein.

Dabei fällt mir aber ein, was D. am Donnerstag sagte, als ich ging: Ich solle nicht so bissig zu mir sein, mich mehr vor mir selbst gelten lassen. Selbstkritik sei schon hier und da angebracht, doch müsse das ja nicht notwendigerweise mit Selbstzerfleischung enden. Er sei manchmal geneigt, eine Sammlung meiner zynischen Anschuldigungen gegen mich selbst anzulegen, um mir das dann als gesammelte Werke vor Augen zu halten.

»Aber eines ist schon ein riesenhafter Minuspunkt«, sagte ich, »es fehlt mir auf alle Fälle an Sachlichkeit. Könnte ich mich zu viel mehr Sachlichkeit erziehen, hätte ich es bestimmt in mancher Hinsicht leichter.«

Darauf erwiderte D. mit plötzlicher Ernsthaftigkeit: »Aber wir Psychologen setzen für ›Sachlichkeit‹ manchmal einen anderen Begriff ein: Angst. Angst vor Gefühlen. Bei einem dauernd ganz sachlich argumentierenden Gegenüber käme mir leicht der Gedanke, es handle sich um einen Menschen, der seinen Gefühlen ausweichen will.« Wahrscheinlich ist die Mitte richtig, dachte ich etwas mutlos.

9. September 1983

Lieber Christian,
ich schreibe Dir, um meiner Entrüstung Ausdruck zu verleihen, noch nichts von Dir gehört zu haben, wo doch sonst schon alle Leute Karten, Briefe — womöglich gar Pakete? — von Dir haben.

Ich habe aber mit allen gesprochen und weiß deshalb ungefähr, wie Dir dort in Deinem englischen Hospital zumute ist. Etwas Hoch/Tief, well — tröste Dich mein Freund —, so geht es mir immer, seit ich denken kann.

Norbert hat uns am Mittwoch nebst Susanna und Hannes in Eure gemeinsame Studentenbude eingeladen. Es gab eine eigentlich gute Ratatouille, die aber — vielleicht mangels Deiner kundigen Anwesenheit — viel zu scharf gewürzt war. Ich habe mich trotzdem tapfer geschlagen, die Tränen unbemerkt fortgewischt, war aber gleich danach wieder betroffen, weil Dein Zimmer so komisch steril und aufgeräumt aussieht, seit Du abgereist bist.

Eigenartig, wie heftig mich seit jener einen Trennung für immer alle neuen Trennungen berühren. Ich muß mir eine Brücke bauen

— sehe aus dem Fenster und habe die tröstende Erleuchtung, daß sich immerhin derselbe blaue Himmel über mich und Dich dort spannt. Das finde ich verbindend. Doch im gleichen Moment habe ich damit die Endgültigkeit der Trennung von Frank vor Augen, die durch keinen Himmel, keine Straße auf dieser Welt zu überbrücken ist.

Neuerdings düse ich übrigens ganz gerne mit dem Velo durch die Straßen. Zu Anfang hatte ich immer Angst, die »Maschine« — 32 km/h — nicht zum Stehen zu kriegen, falls nötig. Ich habe doch bis dato noch nie ein motorisiertes Gefährt gelenkt. Wahrscheinlich werde ich jetzt noch ein echter Verkehrsteilnehmer, schon um auf meine »persönlichen 100%« zu kommen, zu denen mir D. im Zusammenhang mit meinen Gedanken über Lebendigkeit immer rät. Ich muß mir nur unbedingt eine Rennfahrermütze mit Ohrenklappen besorgen, oder?

Aber — Spaß beiseite — D. hat erst mal eine Weile Urlaub von mir, will sagen: Ich habe ihn um eine Denkpause gebeten. Ich habe sozusagen schlappgemacht, weil die Gespräche sehr anstrengend für mich sind. Sie ziehen immer soviel nach sich, an Auseinandersetzung mit mir selbst und mit meinen Lieben. So vieles über meine Kindheit ist zur Sprache gekommen, besonders von den Dingen, die ich lieber vergessen würde.

Zeitweilig habe ich sogar meine Ehe mit Heiner in Frage gestellt. Es ist jetzt für mich nicht mehr verwunderlich, wie das gekommen ist. Daß unsere Beziehung doch nicht auf der ganzen Linie harmoniert, wurde mir einige Zeit nach Franks Tod bewußt, als ich merkte, daß wir nicht zusammen trauern können. Erwartet hatte ich das schon, weil doch immer alle sagen: Wenigstens habt ihr einander noch und könnt euch helfen. Aber zwei Amputierte können sich eben nicht gut stützen! Jeder von uns durchlebt diese endgültige Trennung für sich allein, mit seiner Geschichte, auf seine Art. Manchmal verstehen wir uns in unserer Trauer nicht. Sie äußert sich so unterschiedlich, und ich mag oft mit Heiner nicht über unser Schreckenserlebnis sprechen, wenn ich es gerade brauchte, weil ich befürchte, daß er es nicht verträge, in dem Moment gerade daran denken zu müssen. Dann frage ich mich, wo denn der Wert dieser Beziehung liegt, wenn wir nicht mal über so etwas Einschneidendes miteinander sprechen können — und schon ist alles in Frage gestellt.

Obwohl ich jetzt akzeptieren kann, daß ich mich trotz aller Liebe zu den anderen doch manchmal als Einzelwesen begreifen muß, streiten Heiner und ich viel. Manchmal denke ich, daß wir da etwas nachzuholen haben. Wir haben uns wohl gegenseitig zu oft geschont bei Dingen, wo es besser gewesen wäre, einander den unterschiedlichen Standpunkt deutlich zu machen. So haben wir beide immer zurückgesteckt, und waren beide unzufrieden, wo doch jeder seinen eigenen Weg hätte gehen können. Diese verhängnisvollen Kompromisse! Ich hatte Heiner doch noch zur Therapie mitgeschleift. Eine Stunde hat er mit D. allein gesprochen, dann hatten wir ein Gespräch zu dritt. Es war so offensichtlich schwierig für Heiner zu sprechen, daß ich einsehen mußte, meine Probleme nicht auf seine Kosten lösen zu können, sondern selbst Wege finden muß, mich für ihn begreifbarer, verständlicher zu machen.

Ich habe auch schon eine blasse Ahnung, wie. Harmonie um jeden Preis ist jedenfalls nicht das Richtige. Vor lauter trachten nach Verschmelzung habe ich in den letzten Jahren viel innere Nähe zu mir selbst verloren. Ist es Heiner vielleicht ähnlich ergangen? Das scheint mir nun doch ein falsches Ziel zu sein. Es müßte doch möglich sein, eine Beziehung zu schaffen, die wie Einatmen und Ausatmen ist, in der sich Nähe und Eigenständigkeit abwechseln.

Die Sache mit dem Gefühl gegen meine Eltern ist für mich auch belastend. Ich habe mich zunächst aufs Schweigen verlegt. Das ist auch meine Antwort darauf, daß sie mich nach Franks Tod nie gefragt haben, wie ich damit zurechtkomme. Sonst wollten sie immer alle Neuigkeiten hören – aber hierzu wußten sie nichts zu fragen. Ich fühle in ihrer Nähe immer, daß sie mich am liebsten so schnell wie möglich wieder so hätten, daß sie aufatmend sagen könnten: Sie ist wieder ganz die Alte. Aber das kann ich doch nicht, und ich will es auch gar nicht.

Es ist doch verrückt, daß es auf diese Art gerade jetzt auch noch in allen engen mitmenschlichen Beziehungen kriselt. Ich fühle mich manchmal recht allein gelassen, ahne aber, daß es Erlebnisse gibt, für die wir tatsächlich ganz alleine einen Platz finden müssen, um sie mit in unser Leben hineinzunehmen. Ich muß versuchen, gerade den inneren Abstand zu Menschen zu gewinnen, der für mein Erwachsenwerden bitter nötig ist.

Währenddessen gehen meine Gefühle ganz unbeirrt ihren Weg,

und der ist oft wenig schlüssig. So gehe ich umher, lausche in mich hinein und bin ergriffen – bis entsetzt. Das, was mir unter den Nägeln brannte, ist in der Therapie gesagt. Bevor ich mit der intensiven Selbstbetrachtung fortfahre, werde ich mich jetzt mit meinen Leuten der Betrachtung Korsikas widmen.

1000 liebe Grüße und einen Kuß
Loni

Montag, den 12. September 1983

Wir sind auf Korsika! Am Ende war ich, bevor es losging, doch noch total entnervt. Ich glaube weniger wegen des bißchen Reisevorbereitungsstresses als vielmehr dadurch, daß sich meine Gedanken wieder einmal im Kreis gedreht haben.

In der Gemeinde weiche ich dem Seelsorger mit seinem dauernden jovialen »na — Kopf-hoch« lieber aus. Die vordergründige Gutmeinung einiger Leute finde ich unglaubwürdig. Ich habe das Gefühl, daß sie in Wahrheit denken, ich könnte mich mehr zusammenreißen und wieder mehr verbindliche Freundlichkeit zeigen, wie sonst. Danach ist mir aber überhaupt nicht, dazu fehlt mir zu sehr echter Frohsinn. Ich möchte eigentlich in Ruhe gelassen werden, sehne mich überhaupt nach Ruhe. Nun ist es während der Therapiestunden allerdings zunehmend unruhiger in mir geworden. Mir kommt das Bild einer von ihren Fäden losgeschnittenen Marionette in den Sinn. Ich fühle mich haltlos. So, wie ich vorher funktioniert habe, geht es jedenfalls nicht weiter. Ich hatte gedacht, es ginge mir schon besser, seit mir vieles bewußt ist — aber es geht mir beschissen! Ich habe immer noch keine rechte Ahnung, wohin mich meine neuen Gedanken und Gefühle tragen werden. Das einzige, was daran gut ist, ist das sichere Gefühl, daß jetzt alles ehrlicher werden kann.

Meine ersten Eindrücke von Korsika: Hier ist es noch recht urig, nicht so vertouristisiert, keine hohen Hotelbauten, ein schöner breiter Strand.

Korsika, 13. September 1983

Der wilde Sturm von gestern hat sich gelegt. Blauer Himmel, noch mehr blaues Wasser, teilweise mit pfefferminzgrünen Stellen, und eine Brandung, wie ich sie bis jetzt nur am Indischen Ozean erlebt habe. Wenn ich das nächste Woche genug habe über mich ergehen lassen, muß ich es unbedingt malen. Habe mich mit Heiner auf riesigen Wellen weit aus der Bucht hinaustragen lassen.

Corse, 20. September 1983

Zwischendurch geht es mir immer wieder schlecht. Der Sturm am Wochenende riß einem fast die Haare vom Kopf, so was zerrt immer besonders an meinen Nerven, da ich sehr wetterfühlig bin. Am nächsten Tag habe ich aber von Einheimischen erfahren, daß es der Mistralsturm war, der auch anderen Leuten zu schaffen macht. Ich hatte jedenfalls den heftigen Wunsch, mich von der Zitadelle in Calvi ins Meer zu stürzen. Von da an haben sich täglich mehrmals meine Gefühle von Hoch nach Tief und umgekehrt bewegt, und das bringt mich eines Tages noch vollends um.

Am Tag nach dem Sturm war am Meer wieder dieselbe Mordsbrandung wie in den ersten Tagen, nur gab es diesmal eine viel stärkere Unterströmung. Ich habe mich überschätzt, bin erst zu lange draußen geblieben und kam später nicht an Land zurück. Ich wäre tatsächlich beinahe ertrunken, fand mich aber schließlich doch vollkommen erschöpft und mit Unmengen Wasser im Bauch am Strand wieder. Mir war kotzübel, und am Abend konnte ich nicht einschlafen, weil ich immer noch glaubte, gleich zu ertrinken. Das hat meine nächtlichen Alpträume um eine Version »bereichert«.

Am meisten träume ich von Ungeziefer, Spinnen, Ameisen, ekelhaften Käfern, die aus Ritzen im Bett oder im Fußboden plötzlich in Massen hervorgekrochen kommen. Ich versuche, die Ritzen zuzustopfen, aber zu gleicher Zeit kommen sie an anderer Stelle aus der Tiefe hervor, krabbeln am Ende unzählig auf mir herum, bis ich entsetzt erwache. Ich bin in diesen Nächten hier schon aufgestanden, habe Licht gemacht, um mich zu vergewissern, daß meine Pein wirklich nur Traum war. Bin ins Bad getaumelt, habe mein Nachthemd ausgezogen und nach dem Getier gesucht – danach entsetzt mein Spiegelbild betrachtet und mir selbst zugeraunt, daß ich verrückt sei.

Diese Träume haben offensichtlich etwas mit meinen bedrückenden, in die Seelentiefe verdrängten und nun in der Therapie unaufhaltsam hervorquellenden Vergangenheitserlebnissen zu tun. So quält mich auch des öfteren ein Traum, in welchem ich mich glücklich und mit einem warmen Gefühl an einen hinter mir stehenden Mann lehne, der seine Arme um mich legt und mich hält. Plötzlich beginnt er jedoch, mich zu würgen. In Todesangst versuche ich, mich zu befreien, drehe und wende mich, und muß dabei erkennen: Es ist D.

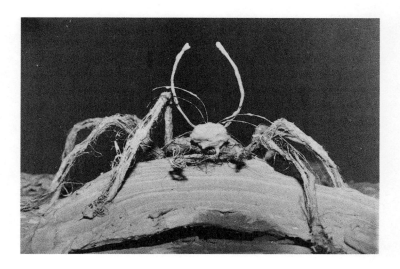

Die darauf folgende Erschöpfung setzt sich in den Tag hinein fort. Wegen Annes Quakerei – sie leidet unter permanentem Schlafmangel, da es so spät Abendessen gibt – und wegen Heiners Beanspruchung meiner Aufmerksamkeit bin ich immer noch nicht zum Malen gekommen. Es ist auch schwierig, diesen beiden klar zu machen, daß ich oft gar nichts sagen mag, in meinen Gedankengängen nicht immer unterbrochen werden möchte. Mir kommt es so vor, als sei ich bis jetzt jederzeit unterbrechbar gewesen. Für Heiner ist es unverständlich, daß das auf einmal nicht mehr gehen soll: nur mal eben herzusehen, nur eine kleine Handreichung, nur zu antworten. Ich leide auch selbst unter meiner äußeren Schweigsamkeit und Unzugänglichkeit, aber in mir schreit und läuft eben alles durcheinander und verlangt auch Gehör und Auseinandersetzung. Ich *muß* dieses persönliche Recht des Schweigens im Augenblick für mich geltend machen, sonst ertrage ich meinen inneren Streß nicht – auch wenn ich dadurch meinen

Lieben muffelig und kurz angebunden erscheine. Natürlich quält mich zuweilen heftig das schlechte Gewissen, wenn ich merke, wie sehr sich auch Anne und Heiner von meinen depressiven Stimmungen beeinträchtigt fühlen. In den wenigen guten Augenblicken kann ich aber doch manchmal mit Heiner darüber sprechen. Er redet mir dann gut zu, und das gibt mir wieder das Gefühl, daß ich jedenfalls jemanden zur Seite habe, der stärker ist, als ich es bin.

Ich will Herrn Bern in Frankfurt einen Brief schreiben. Wir lernten ihn und seine Frau vor langer Zeit auf den Malediven kennen. Er schien mir immer die Kunst, sich Lust am Leben zu verschaffen, aufs beste zu beherrschen. Und das trotz mancher widriger Lebensumstände. Dazu war er mir immer eine Art väterlicher Freund, auch wenn die Abstände immer groß sind, in denen es möglich ist, uns zu sehen. Er soll wissen, wie es mir jetzt geht. Zuletzt waren wir einen Monat nach Franks Tod zusammen. Zu der Zeit war ich noch wie betäubt, saß noch nicht im »Loch«, in das man wohl erst rutscht, wenn man die Geschehnisse für sich realisiert hat, was unglücklicherweise oft mit dem Zeitpunkt zusammenfällt, in welchem die Umwelt die Tatsachen gerade abgehakt hat und damit fertig ist.

Korsika, den 28. September 1983

Lieber Herr Bern,
wir verlängern zur Zeit den ohnehin schon herrlichen Sommer auf Korsika. Hier ist es noch so warm, daß wir überwiegend mit Anne zum Strand laufen können. Die Kleine ist fast nur in den Wellen. Wir haben derweil das Surfen geübt, gehen zwar noch etwas wacklig mit dem Brett um, aber wenn man fällt, dann immerhin in sechsundzwanzig Grad warmes Wasser.

Auf dieser Insel scheint die Zeit zum Teil noch stehengeblieben zu sein. Bei Autotouren konnten wir wirklich selbst vieles von dem wiederfinden, was in den Prospekten so überschwenglich beschrieben wird: Meer, Berge und Vegetation stehen in einmaligem Kontrast zueinander, und in den kleinen Städten findet man noch allerorten viel von dem uralten korsischen Flair.

Eigenartigerweise üben die Friedhöfe hier eine besondere Anziehungskraft auf mich aus. Die Grabstätten werden auch heute noch liebevoll, manche imposant ausgestaltet, mit Marmor und Säulen, Marien- oder Jesusbildnissen, fast kitschig und doch anrührend, manche wie kleine Tempel. Sie liegen sämtlich in schöner Gegend und werden von den Einheimischen oft besucht.

Aber ich weiß gar nicht, wie es Ihnen geht, da wir so lange nichts voneinander hörten. Ich hatte ja (und habe noch) eine wahrhaft furchtbare Krise. Schließlich war es soweit, daß ich nicht mehr leben wollte. Am 5. Juli habe ich eine Überdosis Schlaftabletten genommen. Man hat meinen Entschluß von ärztlicher Seite her aber nicht akzeptieren wollen, obwohl der Schritt meinerseits überlegt und nicht etwa eine Affekthandlung war. Ich sah darin den einzigen Ausweg, mich von meinen quälenden Problemen und Kreisgedanken zu befreien. Jetzt sitze ich in Therapie, versuche zu ordnen, was ich alleine nicht einmal richtig benennen konnte. Ich habe Vertrauen zu dem Therapeuten und fühle auch deutlich, daß die Gespräche gut für mich sind, doch bin ich davon trotzdem im Augenblick total erschöpft. Mir ist, als hätte ich erst seit Franks Tod angefangen, real zu denken, und diese Realitäten sind für mich Träumerin kaum zu verkraften. So bar meiner Illusionen muß ich erst mal versuchen, mich neu zu orientieren. Der Tod meines Kindes war der Auslöser dazu, mein ganzes bisheriges Leben in Frage zu stellen. Alles ist davon berührt: die Beziehungen zu meinem Mann, zu meinen Eltern und zu meiner Religion.

Meine Gedankengänge sind für andere schwer nachvollziehbar, daher fühle ich mich auch immer wieder unverstanden, weiß aber, daß ich aus meiner Situation dieses Mal nicht ohne fremde Hilfe herauskomme. Es ist so ungewohnt, daß ich etwas nicht kann.

Obwohl ich manchmal denke, daß alles mit der Zeit besser wird, habe ich häufig schlimme Tiefpunkte, so daß mir oft das Leben wie eine bloße mechanische Aneinanderreihung von Tagen vorkommt. Meistens fühle ich mich schlecht, teils auch körperlich, und nur hin und wieder streift mich ein gutes Gefühl. Was mich eigentlich im Augenblick am Leben erhält, ist der Anblick meiner kleinen, braungebrannten, blonden Tochter.

Mit herzlicher Verbundenheit grüßt Sie
Ihre Leonore Matouschek

Korsika – letzter Ferientag

– der zeigt heute sein schönstes, sonnigstes Gesicht. Ermattet von vielen schlaflosen oder alptraumerfüllten Nächten, liege ich im warmen Sand. Ich bin den ganzen Tag nackt. Im Wasser und am Strand. Ein gutes, wirkliches, ganz körperliches Fühlen.

Manchester, Sa. 1. Oktober 1983

Liebe Loni,
vielen Dank für Deinen Brief. Deiner Entrüstung gewiß, habe ich den Versand meines ersten Briefes aus England noch eine Weile verzögert, aber Du weißt ja schon alles, denn in der Tat hätte ich Dir natürlich genau das gleiche geschrieben, wie den anderen. In den Gesprächen vor meiner Abreise sagtest Du mir, daß Dich eigentlich keiner verstehen kann, weil keiner ähnliches durchgemacht hat. Das ist eine Position, auf die Du Dich immer zurückziehen kannst. Ich glaube aber, es ist so, daß jeder die Gefühle kennt, mit denen Du jetzt umgehen mußt, wenn auch nur wenige in der Schwere, die überwältigend ist.

Du hast sicher recht, sehr vieles entzieht sich unserem Wollen, sonst hätte Frank nie den Unfall gehabt. Aber damit fertig zu werden, und mit allen damit vermachten Gefühlen, ist meiner Meinung nach willentlich beeinflußbar. Das ist schwierig und mühsam, und mit »wollen« allein ist nicht alles getan, es ist aber der einzige Weg, da herauszukommen.

Ich sage nicht, daß die Gefühle in ihrer Wertung dem Verstand unterzuordnen sind, aber Verstand und Gefühlsleben sind voneinander abhängig. Sie stehen in Beziehung wie Körper und Geist, deren psychosomatischer Zusammenhang wesentlich geläufiger ist. Der Kampf mit uns selbst besteht in der Beeinflussung, d. h. Änderung, vorhandener Einstellungen und Gefühle.

Die Erkenntnis, daß Du mit Deiner eigenen Kraft allein nicht aus den großen Belastungen herauskommst, macht Dich gegenüber glaubenslosen Menschen reich. Du mußt nur die Konsequenz daraus ziehen. Mir scheint, in den Gottesdiensten hörst Du falsch: Du hörst auf Dinge, die Dich hindern, nicht auf die, die Dir helfen.

Du kennst das Bild von der Kummerhöhle! Wenn man in der Kummerhöhle ist — Du und Heiner, ihr seid sicher in solch einer Höhle —, muß man versuchen, aus dieser Kummerhöhle herauszukommen, denn sie wird sich nicht in eine wohnliche Stätte umwandeln. Man kann sie nur verlassen, auf jeden Fall ist es falsch, sich dort zu vergraben.

Mein Gefühlsleben ist ziemlich davon bestimmt, für Probleme Lösungen zu finden, nachdem ich vieles erst möglichst lange und gründlich zu verdrängen suche. »Kreisgedanken« oder Ungelöstes sind ungeheuer quälend. So kommt es, daß ich Dich manchmal nicht verstehen kann. Dagegen fällt es mir nie schwer, Dich zu akzeptieren. Ich bin hier im »Childrens hospital« wieder sehr beschäftigt: mit Stationsroutine, Visiten, Sprechstunden und Nachtdiensten, und abends habe ich zu lange dringend Medizin und Englisch aufzufrischen, ich will's doch endlich lernen.

So komme ich auch hier wieder um ein gewisses Maß an Selbstbetrachtung wunderbar herum. Es gibt zum Glück immer viele Sachzwänge, hinter denen man sich verstecken kann. Zunächst bin ich ganz froh, wenn noch etwas Zeit bleibt, Gitarre zu spielen und das soziale Treiben Manchesters etwas kennenzulernen. Die Kirchengemeinde ist hier ganz toll, die Schlichtheit relativiert manches zu Hause.

Ich weiß jetzt überhaupt nichts mehr, finde alles Quark, was ich geschrieben habe, und hab' keine Ahnung, was Du damit anfangen sollst. Ich hoffe, es geht Dir und Heiner bald besser.

Gruß — Kuß, *Christian*

Wieso fühle ich mich bei diesem Brief von Christian wieder so hin- und hergerissen? Er gibt sich offensichtlich Mühe — und ich finde alles niederschmetternd logisch. Es ist so verdammt lieb gemeint ... Aber ein Satz ist da: Es fällt mir nie schwer, Dich zu akzeptieren — das lese ich gern noch mal.

Donnerstag, 13. Oktober 1983

Lange sind wir wieder zu Hause – ich habe aber so lange nicht geschrieben, weil ich alles, alles für eine Weile verdrängt, beiseite geschoben habe. Ich habe versucht, lieber alles mit einer nimmermüden Aktivität zuzuschütten. Es ist mir immerhin ganz gut gelungen, so daß meine innere Unruhe und das Gefühl der Zerrissenheit sich etwas gelegt haben. Ich konnte sogar die Fragen der Freunde und Bekannten, ob ich mich denn gut erholt habe, ruhigen Gewissens mit Ja beantworten. Darüber war man allgemein zufrieden. »Na, siehste!« Die Wiederaufnahme meiner Therapiestunden habe ich auch hinausgeschoben und D. meine Bedenken geschildert, ob es mir nicht möglicherweise wieder schlechter gehe, wenn ich weiter in meinen Problemen herumwühle.

Wir hatten ein längeres Gespräch, während dessen ich mir darüber klar wurde, daß Verdrängen wieder nur für eine Weile klappen würde. D. hat mir dringend geraten, das Tempo zu drosseln, nicht alles auf einmal lösen zu wollen, mehr Geduld für mich selbst aufzubringen. Also, weiter geht's mit der Nabelschau.

Inzwischen haben wir Möbel für ein neues Schlafzimmer und für die Küche ausgesucht, das Haus vom Dachboden bis zum Keller aufgeräumt, Tapeten abgerissen, Winterklamotten eingekauft und Pläne geschmiedet. Und jetzt bin ich sehr traurig darüber, daß meine Schwester aufs Land zieht. Sie ist in viele meiner Gefühlssituationen eingeweiht, hat mir zugehört, mir zur Seite gestanden, als Frank gestorben ist. Sie hat mir geholfen, als die Schwiegermutter bei uns starb, und war da, als ich fast gestorben wäre. Ich habe von ihr Rückendeckung gegen die Ansprüche meiner Eltern bekommen, dafür hat sie selbst einiges einstecken müssen. Von ihr habe ich nie den Satz gehört: Damit belastest du mich, noch gab sie mir das Gefühl, ich müsse sie damit in Ruhe lassen. Andererseits habe ich gesehen, daß sie wirklich mit gelitten hat – die Liebe, Gute.

Ihr neues Heim ist zum Glück nicht gar zu weit weg, und sie freut sich darauf ...

Donnerstag, den 20. Oktober 1983

Heute habe ich mir mit einer Freundin einen Spaß daraus gemacht, in den Geschäften die teuersten Pelze zu probieren. Wir hatten viel zu lachen, weil wir uns recht reich gebärdeten. Daß wir uns die Dinger sowieso nicht leisten können, haben wir erfolgreich verdrängt – und uns danach mit einem halben Hähnchen getröstet.

Nachmittags war ich bei D. und habe ihm von der Aktion erzählt. So kamen wir darauf zu sprechen, was Äußerlichkeiten für mich bedeuten. Das Thema war mir schon wichtig, aber zugleich auch unangenehm. Ich habe schon lange das Gefühl, dem zuviel Bedeutung beizumessen, mehr, als ich eigentlich *will*. Dieser eigenartige Zwang, jederzeit gepflegt und ordentlich aussehen zu müssen, ist so weit gegangen, daß ich nach Franks Tod jede durchweinte und durchwachte Nacht mit viel Aufwand übertüncht habe, bloß um nicht den Eindruck zu erwecken, ich ließe mich gehen. Ein dummes Versteckspiel, bei dem ich eigentlich nicht mehr mitmachen will. Mich verfolgt noch heute die Einschätzung und Wichtigkeit, die meine Erzieher dem äußeren Erscheinungsbild eines Menschen beimaßen. Ich habe unbewußt ihre Werte übernommen und verinnerlicht, obgleich dagegen die christliche Warnung steht, nie jemanden nach dem Äußeren zu beurteilen. Sie wurde aber eben von der Kindheitserfahrung übertönt, daß alles schön ordentlich sein müsse. Es vergeht auch heute noch kein Treffen mit meinen Eltern, bei dem nicht einer von ihnen mehr oder weniger ausführliche Bemerkungen über meine Haare oder Kleidung macht. Möglicherweise habe ich deshalb auch diesen Beruf ergriffen, bin Dekorateurin geworden, weil es dabei darum geht, etwas nach außen – nämlich in Schaufenstern – schön zu machen. Jetzt würde ich gerne dem Zwang entrinnen, dieser fremden Forderung nach Ordnung und Schönheit, fände gerne meine unbeeinflußte, eigene Einstellung dazu ...

Mittwoch

Ich bin dauernd in der Malschule, um die Fehlzeiten des Urlaubs nachzuholen. Ich schwelge geradezu in meinen Farbausmischungen und habe Lust an meinem Thema. Zögernd hatte ich einige Aquarellskizzen und Graphitzeichnungen von Korsika mitgebracht, aber Klaus war damit zufrieden und sagte, das sei ein Thema, woran ich gut die Hell-dunkel-Wirkung und die Warm-kalt-Werte der Farben ausprobieren könne. Töpfe und Klötze, ade! Ich mache jetzt, was mir gefällt. Ich schaffe es, mutiger mit der Farbe umzugehen, riskiere oft, alles zu verderben. Korsische Berge und Wasser, Berge und Nebel – ich wühle in Farbe herum, ein neuer Rausch.

Donnerstag

Ich habe mit D. über meine Auseinandersetzungen mit Heiner gesprochen. Auch darüber, daß er anfängt sich vorzuwerfen, er sei vielleicht an meinem schlechten Befinden schuld. Das ist mir sehr zuwider: die Vorstellung, wie eine einzige Anklage auf ihn zu wirken. Ich müßte ihm klarmachen, daß ich für alles, was geschehen ist, selbst verantwortlich bin. Dennoch wünsche ich mir für unsere gemeinsame Zukunft, daß wir in unserer Beziehung einiges ändern. Das brauche ich für mich, ohne den Umkehrschluß, daß es dann gegen Heiner sei. Ich brauche mehr Abgrenzung – wie unsere jetzt getrennt stehenden Betten. Ich möchte mich bewußt für Nähe und bewußt für Alleinsein entscheiden können, innerlich wie äußerlich.

November 1983

Eine Ode auf meinen Therapeuten D. Er ist die Geduld in Person, unermüdlich im Zuhören und ein Künstler der wertfreien Stellungnahme. Er gibt keine Ratschläge, an die ich mich gebunden fühlen könnte. »Ratschläge sind auch Schläge« – habe ich mal zu ihm gesagt, und wir haben darüber gelacht. Er erteilt keine Patentrezepte. Ich habe auch aufgehört zu erwarten, daß er mir für meine Probleme umgehend ein Bündel Lösungsmöglichkeiten in die Hand drückt. Vielmehr läßt er mich die für mich gangbaren Wege ganz von selbst herausfinden, nicht durch Ausfragen — das könnte mich in die Enge treiben —, sondern durch ein Nachhaken dessen, was ich selbst berichtet habe. Immer wieder hält er mich dazu an, darüber nachzudenken, wie ich die Dinge *selbst* sehe, ohne die Meinung der anderen zu berücksichtigen, was ich *selbst* gern tun würde. Allein dadurch sehe ich oft schon klarer, vieles entwirrt sich durch diese Art einseitiger Betrachtung.

D. geht liebevoll mit mir um, und mit dem, was wir an Schmerz bei mir an allen Ecken und Enden antreffen. Ein Mensch, der meine unglaubliche Verletzbarkeit akzeptiert, ohne mit Jovialität darauf herumzutrampeln. Er hat ein gutes Gedächtnis, dem ich immer neu entnehmen kann, wie konsequent er mir zugehört hat. Wir verlieren deshalb nicht den Faden, außer wenn ich ihn abreißen *will*. Zwar hält er mich mit einer gewissen Zähigkeit am Thema, doch kann ich ihm auch meinerseits deutlich signalisieren, wenn ich an einer Stelle nicht weiter will. Auf meine ängstliche Frage hin, ob Therapie etwa zwingend eine Art »seelischer Beischlaf« sei, gab er mir klar zur Antwort, daß ich selbst bestimme, was ich sagen will oder nicht, es selbst in der Hand habe, was »läuft«. So hatten wir zu Anfang einige Abmachungen getroffen. Die Veränderungen, die vor mir lagen witternd, hatte ich ihm gesagt, daß ich zwei Dinge auf keinen Fall will: am Ende der Therapie vor der Scheidung meiner Ehe zu stehen oder zuletzt ohne Glauben zu sein. Denn das sei das, was mir wert und wichtig ist. Ohne Zögern erklärte D. sich einverstanden — und wir konnten unseren gemeinsamen Weg beginnen.

Er vermittelt mir glaubhaft ein nie gekanntes Gefühl des Angenommenseins, das mir zunehmend dazu verhilft, mich auch selbst annehmen zu können, mit allen meinen Verhaltensweisen, die aus meiner Geschichte resultieren. D. hört zu und nimmt ernst, was ernst zu nehmen ist, nicht mehr und nicht weniger — und doch ist das so viel. Ich mußte mir dazu jemanden suchen, der dafür bezahlt wird. Dabei ist das gar nicht mit Geld zu bezahlen — verrückt!

Samstag, den 3. Dezember 1983

Manchmal wünschte ich mir mehr Unbeeindruckbarkeit! Eine Woche voller Gefühlsturbulenzen liegt hinter mir. Erst wäre ich am Montag beinahe vor meiner Staffelei verzweifelt. Da bin ich wiedermal an irgendeine – zumindest vorläufige – Grenze gestoßen, es hat sich ausgerauscht.

Am Dienstag habe ich dann von meinem »väterlichen Freund« aus Frankfurt einen vorwurfsvollen Brief erhalten. Ich fühlte beim Lesen, wie sich mein Innerstes schmerzlich zusammenkrampfte. Noch so einer, der kaum fragt: Wie ist es dir ergangen, daß es so weit kommen konnte, was hast du gefühlt?, sondern wieder jemand, der statt dessen nur nach meinem Mann und meiner Tochter fragt.

Den Brief in der Hand saß ich mitten in der Küche auf dem Stuhl, schloß die Auge und fühlte wieder die Leere rings um mich. Als ich wieder denken konnte, war es mir nachträglich peinlich, daß ich Verständnis erwartet hatte. Enttäuscht, vielleicht auch in der Hoffnung, sie könnten mir nun anders klingen, las ich die Zeilen noch einmal:

Liebe Frau Matouschek,
vielen Dank für Ihren Brief aus Korsika, der uns sehr betroffen machte und uns erschreckte! Wie können Sie so schreiben, denken, verzweifeln und an irrsinnige Auswege denken, wo Sie einen so verständnisvollen, lieben, anständigen, tüchtigen und guten Mann und eine so reizende, entzückende, aufgeschlossene und intelligente Tochter haben, die Sie beide nötig brauchen! Wenn Sie sich was antun, wäre dies der größte Egoismus! Daß Sie die Kirche in Frage stellen würden und dieser Tag kommen muß, war uns immer klar, da wir Sie kennen und wußten, daß Sie kritisch sein können, was ja von Kirchenleuten meist abgelehnt wird. Daß Sie aber auch Ihre Beziehungen zu Ihrer Tochter, Ihrem Mann und Ihren Eltern in Frage stellen, ist nicht zu verantworten! Hoffentlich sind Sie nicht böse, weil ich so hart mit Ihnen ins Gericht gehe, aber da ich ja Ihr Vater sein könnte, habe ich alters- und erfahrungsgemäß doch wohl eine rationellere Beziehung zu allem.

Schön war es, wenigstens von Ihnen zu hören, daß Korsika so

herrlich war, und Sie mit Surfen anfingen. Unser Sohn war in diesem Sommer auch auf Korsika und genauso begeistert wie Sie. Ich war 1960 dort, und alles war natürlich noch viel urwüchsiger als heute.

Geben Sie meiner Kleinen einen Kuß, grüßen Sie Ihren lieben Mann, und betrachten Sie den 5. Juli 1983 als den größten Glückstag in Ihrem Leben, und denken Sie daran, was Sie allein in diesen 142 Tagen, die seitdem vergangen sind, an Schönem, Wertvollem, Beglückendem und an Harmonie erlebten!

Ich umarme Sie alle drei. *Ihr J. Bern*

9. Dezember 1983

Lieber Herr Bern,
ich bin wegen der schonungslosen Verurteilung, die Sie mir zuteil werden ließen, traurig geworden. Es ist so, wie ich Ihnen von Korsika bereits geschrieben habe, daß vieles, was in mir vorgegangen ist, für andere schwer nachvollziehbar ist. So ist denn Ihre Reaktion auch nicht als einzige so ausgefallen, sondern mir in der Regel zuteil geworden.

Daß Sie alters- und erfahrungsmäßig eine rationellere Beziehung zu allem haben, steht für mich außer Frage. Bei meinen Schwierigkeiten ging — und geht — es jedoch nicht um rationale Dinge, nicht um etwas, was nur mit dem Verstand zu erfassen wäre, sondern um Gefühle (so unbequem, weil eben nicht sogleich rational lösbar, dies auch für mich und andere ist). Daß Sie nach diesen bedrückenden Gefühlen, die schließlich für mich — ganz subjektiv und irrational — unerträglich waren, in Ihrem Brief gar nicht gefragt haben, ist die Sache, die mich eben traurig gemacht hat.

Es muß doch einfach so sein, daß es in Ihrem Leben Situationen gegeben hat, in denen auch Sie nicht Ihre Identifikation über Ihren Lebenspartner oder über Ihre Kinder finden konnten. Müssen wir nicht immer auch ein gutes Stück auf uns selbst und unsere wahren Bedürfnisse achten?

Es nützt mir nichts, wenn mir jemand sagen wollte: Sei zufrieden, du hast es doch gut! — Ich muß mich selbst so fühlen! In einem solchen Tief, wie ich es durchlebe, erreicht einen eben

— auch bei gutem Willen — nicht unbedingt das Schöne, Wertvolle und Beglückende.

Mag sein, daß Sie es richtig fanden, mit mir ins Gericht zu gehen, aber solche Kopfwäschen helfen mir auch nicht, sind eher vernichtend als wohltuend. Es ist mir keineswegs leichtgefallen, daß ich, am Boden liegend, von jedermann Vorwürfe hinnehmen mußte, aber da ich Ihnen nicht ohne Liebe gegenüberstehe, schmerzt es doppelt.
Ihre Leonore Matouschek

15. Dezember 1983

Diese Woche habe ich mit D. über den Brief aus Frankfurt gesprochen. Ich hatte schlaflose Nächte, weil mich der Vorwurf, im größten Egoismus gehandelt zu haben, als ich mein Leben beenden wollte, nicht zur Ruhe kommen ließ. Nachträglich verursacht das bei mir ein heftiges Schuldgefühl. Auf die Idee war ich bis jetzt noch gar nicht gekommen. Damals war ich so am Ende, daß ich tatsächlich in dem Moment nur einfach wußte, daß ich nicht mehr funktioniere, verkehrstot bin, sowieso nur Belastung und nicht wirklich nützlich für Anne und Heiner. Tatsächlich: Ich habe nur an mich gedacht! Dieser massive Vorwurf des Egoismus, damals ausgesprochen, hätte mich vielleicht sogar von meinem Vorhaben abgehalten, mir aber schließlich dies letzte Stück Freiheit auch noch genommen, das Gefühl der Ausweglosigkeit verstärkt ...

Ich habe D. erzählt, daß ich von diesem Freund aus Frankfurt Einfühlsameres erwartet hatte, wonach ich überhaupt dauernd lechze. Mir geht es immer noch schlecht, und jede Kritik, vielleicht auch nur unbedachtes Über-mich-Hinweggehen, verletzt mich neu. Wann hört das bloß auf? In letzter Zeit geht es mir sogar gegen den Strich, wenn ich von Freunden etwa so begrüßt werde: »Hallo, wie geht's Anne und Heiner?« Werde ich denn nur über meine Leute identifiziert? Oder mache ich es ihnen durch meine Traurigkeit zu unbequem, nach mir zu fragen? Christian sagte: »Du machst uns so hilflos.«

Mache ich sie wirklich hilflos, oder ist es am Ende so, daß wir alle verlernt haben, auf einen traurigen Menschen zu reagieren? Jedenfalls reicht es mir nicht mehr, daß D. mich versteht und anhört. Ich wünschte mir, dies Angenommensein mehr bei denen zu verspüren, deren Nähe mir eigentlich wichtiger ist. Überhaupt bin ich unsicher, ob die Gespräche mir noch weiterhin heilende Offenbarung sein werden, ob die Sitzungen noch sinnvoll für mich sind.

D. reagierte gelassen mit dem Satz: Der Sinn der Sitzungen sei jedenfalls nicht, daß ich mich einmal wöchentlich bei ihm gegen Bezahlung aussprechen könne. Darauf erwiderte ich, daß ich lieber überhaupt nicht mehr oder viel häufiger käme, in der Hoffnung, dann mehr lösen zu können.

Und das sei auch genau die Entscheidung, die ich treffen müsse, antwortete er mir. Psychologen seien allgemein der Auffassung, daß eine wirklich hilfreiche Analyse mindestens dreimal pro Woche stattfinden sollte. Ich habe mich – nicht gerade leichten Herzens – dafür entschieden, D. noch häufiger zu sehen, und damit auch dafür, noch mehr Auseinandersetzung mit mir selbst in Kauf nehmen zu müssen.

Der Gedanke nagt an mir, daß mein Heiner jetzt drei Stunden die Woche bezahlen soll. Ich sage zu ihm: »Hohe Rechnungen flattern ins Haus, aber man sieht nicht, wofür ...« Er aber zieht mich an sich und deklamiert salbungsvoll die Worte: »Was nützt mir alles Geld der Welt?« Flüstert mir dann ins Ohr: »Mach man ruhig.«

1. Weihnachtstag 1983

Dieses Weihnachten hat mich total geschafft. Nachdem am Heiligen Abend Heiners Vater nach Hause gefahren war, war es wieder mal mit meinem »Zusammenreißen« vorbei. Eine unbeschreibliche innere Unruhe und Traurigkeit hat von mir Besitz ergriffen. Ich habe überdeutlich gespürt, daß ich keinen inneren Frieden habe und somit auch keine Freude empfinden kann.

Ich kann Heiner meine gereizte Stimmung, der er verständnislos gegenübersteht, nicht erklären. So habe ich gesagt, daß es vielleicht an meiner neuerlichen Schlaflosigkeit liegt, daß ich so entnervt bin.

Ich weiß aber, daß mich besonders das zwanghaft angeordnete Sich-freuen-Müssen dieser Feiertage stört. Den ganzen Tag über habe ich gedacht: Ich will nicht! Und doch habe ich funktioniert wie meistens. Aber abends konnte ich wirklich nicht mehr. Da hat es mich sogar gestört, daß Heiner beim Hören des Violinkonzerts nicht mucksmäuschenstill sitzen konnte – wie er das schafft, mit meiner Ablehnung zu leben?

Schließlich bin ich bei dem Gedanken angekommen, daß es bei uns keinen Frank mehr gibt, keine Geschenke für Frank, keine Freudenausrufe von Frank – da gibt es eine Stelle in meinem Leben, an der ein gefährliches Loch klafft, von dessen Rand immer mehr abbröckelt!

7. Januar 1984

Mehrere aufreibende Stunden bei D. liegen hinter mir. Ich habe ihm von meinen neuerlichen Alpträumen erzählt. Er glaubt nicht an die von Freud vertretene symbolhafte Deutung und Bedeutung von Träumen. Vielmehr hat er mir zu diesem Thema von anderen Theorien erzählt, mit deren Wissen ich die Verarbeitung dieser bedrückenden Träume besser schaffen kann.

Es handelt sich dabei hauptsächlich um den Gedanken, daß man in allen Figuren, die in den Träumen vorkommen – auch in den »bösen« – sich selbst und Teile der eigenen Handlungsweise wiederfindet. Das sei logischerweise deshalb so, weil man im Traum eben auch alle Figuren *selbst* produziert und so auch selbst in ihnen verkörpert wird. Dazu muß man den Traum in seine Einzelteile zerlegen und alles einzeln betrachten.

Diese Art, meine Träume (mich selbst) so zu betrachten, hat mich manchmal morgens über Geträumtes lächeln lassen, mir vieles leichter gemacht, da es mir nicht mehr so fremd und omenhaft erscheint. Es hat mich aber auch vor neue verwirrende Probleme gestellt, denn ich finde Dinge in mir, von denen mir vorher nicht bewußt war, daß sie zu mir gehören.

D. hat mir Freuds »Abriß der Psychoanalyse« geschenkt und mir die »Vorlesungen zur Einführung in die Psychoanalyse« – ebenfalls von Freud – geliehen. Ich kann das nur unter Schwierigkeiten und mit Wörterbuch lesen, finde aber alles wahnsinnig interessant und neu, habe das Gefühl zu lernen, bis mir der Kopf raucht.

19. Januar 1984

In den Stunden bei D. fühle ich langsam wieder mehr, daß ich lebe. Mir wird immer bewußter, was für eine Seelenakrobatik ich vollbringen muß, um mit meinen Erlebnissen zurechtzukommen. Die Gespräche sind eigentlich immer sehr anstrengend, aber es stellt sich jetzt häufiger hinterher ein Gefühl ein, wie man es etwa nach harter, aber glücklich getaner Arbeit hat.

Und während in der Therapie das Leben zaghafte Knospen treibt und zu blühen beginnt, erreichen meine Beziehungen zu den einstigen Freunden, sogar zu Christian, ihren absoluten Nullpunkt. Es ist doch eigenartig: Jetzt, da mir so deutlich ist, was es heißt, lebendig zu sein, da ich weiß, wie wenig selbstverständlich es ist, jeden Tag Zeit zum Leben zu haben – es kann morgen vorbei sein – jetzt, da ich Lebenszeit kostbar finde, fühle ich mich zu kraftlos und zu zerschlagen vom Leben, um es so lustvoll anzupacken, wie es meiner neuen Sichtweise nach angemessen wäre. Ich weiß – mit dem Verstand –, daß ich jede Sekunde genießen müßte, kann diesem Wissen jedoch nicht ausreichend das Handeln folgen lassen, da ich gefühlsmäßig immer noch an Krücken gehe. Christian sagt zu mir: Du mußt nur wollen! Auf das Wollen alleine käme es an. Aber dann sage ich: Es ist so, daß ich nicht wollen *kann!* Wir streiten in letzter Zeit oft wegen solcher Spitzfindigkeiten. Das gegenseitige Verständnis scheint abzunehmen.

Ich glaube, es ist auch Ewigkeiten her, daß ich zum Nachmittagskaffee eine Freundin zu unbeschwertem Plausch bei mir hatte. Es wäre mir peinlich, wenn sie bemerken würde, daß ich denke: Deine Sorgen möchte ich haben! Ich muß zugeben, daß mir die Dinge, über die wir früher sprachen, auf einmal recht inhaltslos und drittrangig vorkommen. Was das angeht, fühle ich mich ratlos, und genauso ratlos stehen diese Lieben mir wahrscheinlich gegenüber. Das gute Gefühl, das ich dagegen habe, wenn ich bei D. sitze, hält auch hinterher noch an. Der Abstand zwischen uns verringert sich.

Sonntag, den 22. Januar 1984

Dieses Wochenende habe ich mir soviel Zeit zum Denken und Lesen genommen wie lange nicht. Mir fiel es wie Schuppen von den Augen, als ich das Buch über die Psychoanalyse las und meine Erfahrungen in der Therapie damit verglich.

Dieses überspitzte Gefühl, das ich nach und nach für D. entwickelt habe, hatte mich zunehmend verwirrt. Am Donnerstag hat es mich während der Sitzung so mit Abscheu gegen mich selbst erfüllt, daß ich nur noch den einen Gedanken hatte: »Ich muß hier raus! Das darf doch nicht wahr sein, daß mir das hier auch noch passieren muß: D. ist mir mehr, als er mir sein darf!«

Da saß er mir wie immer auf seinem Sofa gegenüber, lässig, die Freundlichkeit und Offenheit in Person, Schuhe aus, einen Fuß unterm Allerwertesten. Mir schnitt das plötzlich alle Worte ab. Rette sich, wer kann! So habe ich ihn, sage und schreibe, eine ganze Stunde lang angeschwiegen. Er hat übrigens auch keinen Mucks von sich gegeben. Das Groteske der Situation hat mich, vielleicht auch ihn, eine ungeheure Kraft gekostet. Als ich ging – trotz allem keine Minute eher als sonst –, fühlte ich mich auf der Flucht. Vor wem eigentlich? Vor mir selbst und vor dem, was ich diesem Mann an Bedeutung für mich zumaß.

Irgendeiner Intuition folgend, habe ich später zu Hause nach Freuds Vorlesungen gegriffen und zielsicher das Kapitel über die »Übertragung« durchgelesen. Was für eine Erleichterung für mich, zu erfahren, daß sich diese Übertragung (von Gefühlen) auf den Therapeuten fast immer ergibt, daß der Therapeut sogar darauf hinarbeitet, daß die Übertragung entsteht. Auf der Basis eines intensiven Gefühls wie Ablehnung oder Zuneigung findet er Zugang zum Patienten. Stünde ihm der Patient dagegen gleichgültig gegenüber, sei die Arbeit für den Therapeuten schwieriger. Das leuchtet mir ein: Streitlust oder Liebe machen mich zur Auseinandersetzung bereit, Gleichgültigkeit nicht. Mir fiel ein, daß ich mal zu D. gesagt habe, ich könne wohl bald überhaupt nicht mehr ohne ihn. Darauf hatte er geantwortet: Das wollen wir im Auge behalten! Jetzt muß ich über die Doppeldeutigkeit dieses Satzes lachen.

Heute nachmittag haben Heiner und Anne den neuen Puppenwagen nach draußen getragen, und dann sind wir drei lange im

Schneetreiben am Alsterlauf spazierengegangen. Meine Erleichterung hat sich der Kleinen wohl mitgeteilt, denn sie hat gesungen und mit ihrer Puppe gesprochen. Ich habe Heiner endlich einiges von meinen Sitzungen erzählen können, und wir haben beide befreit über meine »neue Liebe« gelacht.

Mittwoch

Die Gespräche mit D. gehen verändert weiter. Ich habe versucht, ihm mein Schweigen beim letzten Mal zu erklären. Er war, wie ich es erwartet hatte, nicht sehr überrascht, hat statt dessen gesagt, daß er mich auch mag.

Ohne meine Kenntnis des Begriffs »Übertragung« und dessen Bedeutung hätte diese Äußerung wahrscheinlich wieder jenen lähmenden Zauber über mich gebreitet. Jetzt konnte ich D. jedoch von meinem Fund in der Literatur berichten, und von meiner Erleichterung darüber, meine Gefühle nun besser einordnen zu können. Ich lächelte meinen Therapeuten an, nannte ihn insgeheim – nicht ohne Zärtlichkeit – mein »Übertragungsopfer«, er lächelte zurück, und ich wußte, daß wir uns mit geklärten Fronten einig waren.

Nun betrachte ich mit seiner Hilfe die Beziehungen, die ich zu Menschen überhaupt habe, was mich leiden läßt, wenn ich eine stärkere Bindung an jemanden habe. Wenn so eine Bindung abbricht, habe ich immer das Gefühl, daß ein Stück von mir mit zerbricht, deshalb habe ich schon bei den einfachsten Abschieden Schwierigkeiten – etwa nach einer schönen Feier, oder wenn jemand, den ich gern habe, für längere Zeit verreist. Immer gibt es einen Riß, wenn da eine Trennungsstunde war. Es ist jetzt schon soweit, daß ich mich manchmal vor meinen eigenen heftigen Gefühlen fürchte und auch ein bißchen sauer bin über die, die mich immer so »halb« zurücklassen.

D. hat gesagt: ein Stück von mir bliebe eben bei diesem Menschen und würde mir am ganzen Ich fehlen. Dies sei aber die infantile Stufe von Liebe. Kinder lieben so: Sie geben sich ganz und fordern den anderen auch ganz. Nach und nach lerne der Mensch aber, besser oder schlechter, sich nicht in Liebe zu »verlieren«, sich nicht im anderen zu verlieren, sondern auch in der Liebe »bei sich« zu bleiben.

Ich muß wohl anfangen, alle meine bei anderen Menschen verbliebenen Stücke meines Selbst nun wieder einzusammeln. Wo sind die überhaupt? Womöglich wollte mancher gar nichts von mir haben, und ich merkte das nicht einmal. Ich war, fürchte ich, sehr freigebig mit den Stücken von mir.

In Gedanken schreite ich nun alle meine Beziehungen zu Freunden ab und hole mir heimlich hier und da meine Stücke wieder. Zuletzt habe ich ein besonders schönes Riesenstück, bemalt mit viel Gefühl, bei Christian gelassen, möglicherweise nehme ich es auch zurück. Ein wichtiger Teil von mir ist mit Franks Tod verlorengegangen. Vielleicht habe ich ihn mit in sein Grab gelegt. Dieser Teil heißt »Urvertrauen«, manchmal sogar »Lebensfreude«. D. gab zu bedenken, daß solche Teile auch nachwachsen können.

Samstag, den 4. Februar 1984

Seit ich bei D. bin, noch mehr: seit der etwas verstaubten Freudschen Lektüre weiß ich, daß ich das Gespräch mit ihm über meine sexuelle Verkrampfung nicht auslassen kann. Nun habe ich ihm also endlich die ziemlich alte Geschichte erzählt, die fortwährend meine Beziehung zu Heiner stört.

Die Situation hat an jenem Tag ihren Anfang gehabt, als ich – nachdem wir vor drei Jahren aus Rom zurückgekehrt waren – dachte, ich sei schwanger. Das war, bevor Frank starb, und es wäre unser drittes Kind gewesen. Für Heiner war klar, daß er nur zwei Kinder haben wollte. Ich wollte zu dem Zeitpunkt eigentlich auch kein Kind, habe mich aber mit dem Gedanken doch schnell angefreundet. Ich kannte Heiners feste Haltung bei prinzipiellen Entscheidungen und hatte Bedenken wegen seiner Reaktion. So schlug mir denn auch heftige Ablehnung entgegen, als ich ihm das erste Mal von meinen Vermutungen erzählte. Diese erste Ablehnung hätte ich noch verkraftet, ich hatte sie ja erwartet – aber sie dauerte an.

Ich weiß bis heute nicht, ob ich schwanger war oder welche Hormonstörung vorlag; die Ungewißheit dauerte jedenfalls länger als zwei Monate. Während der ganzen Zeit litt ich unter Heiners das »Kind« betreffenden Ablehnung. Er stellte mich auch zur Rede, weil ich in Rom die Pille nicht ordnungsgemäß genommen hatte, und sagte mir, er wüßte nicht, ob er auch noch einem dritten Kind die notwendige Zuwendung geben könne. Ich fühlte mich schlecht, hatte alle mir wohlbekannten Anzeichen einer Schwangerschaft.

Als von ärztlicher Seite sicher ausgeschlossen wurde, daß ich schwanger sei, und sich auch sonst nach und nach alles wieder normalisierte, hatte das in keiner Hinsicht mehr beruhigende Wirkung auf mich. Ich hatte Heiners Ablehnung in voller Wucht auf mich bezogen. Die panische Furcht, schwanger zu werden, hat mich seither nicht verlassen.

»Da liegt das ganze Riesenproblem. Zuerst ließ mich mich kaum noch von Heiner berühren, fand das aber schnell zu blöd und wollte nicht länger bockig sein. Daß ich mich zusammenzureißen hatte, hatte ich ja in meiner Kindheit oft genug gehört und verinnerlicht. So gab es dann irgendwann wieder eine von mir nicht recht gewollte sexuelle Nähe zwischen uns beiden.«

D. war ziemlich bestürzt, als ich ihm das erzählt hatte, und wir haben eine Weile geschwiegen. Dann umarmte er mich und nannte mich »Indianerfrau« – weil ich ihm mal erzählt hatte, daß mein Vater immer alles Traurigsein mit dem Satz im Keim erstickt hatte: Ein Indianerherz kennt keinen Schmerz.

Ich glaube, daß ich in diesen Augenblicken alle Traurigkeit zulassen und nachholen konnte und daß das der Beginn war, die traumatischen Auswirkungen jener häßlichen Situation zu beenden. Ein Kind bekommen zu können sei zunächst Teil meines Frauseins, sagte D., sich in diesem wichtigen Teil abgelehnt zu fühlen folgenschwer. Ich muß jetzt dringend mit Heiner darüber sprechen!

Montag, den 6. Februar 1984

Ich weiß nicht, was ich tun soll! Habe Angst, daß D. mir immer unentbehrlicher wird. Will keine erneute Abhängigkeit, werde ihm sagen, daß ich versuchen will, alleine weiterzugehen.

Habe alles hingeschmissen und meinem Therapeuten gekündigt! Gleichzeitig fühle ich mich untröstlich und habe das, was Freud hysterischen Rückenschmerz nennt.

Dienstag, den 7. Februar 1984

Lieber Herr D.,
dies war nun ein klassisches Beispiel meiner Spontaneität – vielleicht auch nur meiner Ungeduld? Ihrerseits dagegen ein schönes Beispiel dafür, daß Sie meist »schon wissen«. Denn ich muß sagen, daß ich mich von Ihnen ertappt fühlte, als Sie am Telefon fragten, ob ich nicht vielleicht kneife. Es ist so! Grund für meinen Fluchtversuch ist die Angst vor einer neuen Gefühlsabhängigkeit, vor deren Ende mir graust. Ich glaube nicht, daß es mir schon gelingen kann, wieder eine Trennung durchzustehen, ohne daß ein Stück von mir verlorengeht. Die Erfahrung, daß so etwas nachwachsen kann, habe ich noch nicht gemacht. Seit dem Tod meines Kindes fühle ich mich gänzlich trennungsunfähig.

In bezug auf die Therapie kann ich mir auch überhaupt nicht vorstellen, wie es weitergehen soll. Wie lange muß, kann ich überhaupt noch, wie lange ist »normal«. Diese Fragen wollte ich Ihnen stellen, dachte dann aber, sie seien zu dumm.

Sie haben recht: Ich bin an einem Punkt der Ratlosigkeit und der Mutlosigkeit und der Angst angekommen. Soviel Angst hatte ich nicht einmal vor meinem versuchten Selbstmord – zumindest war sie mir nicht so bewußt. Da war alles leer.

Deshalb ist jetzt wohl doch nicht der richtige Zeitpunkt alles hinzuschmeißen. Ich will diesmal meinen Widerstand aufgeben und komme Donnerstag, wenn ich darf.

Es grüßt Sie herzlich
Ihre Leonore Matouschek

Donnerstag

»Was war denn bloß los?« hat D. mich gefragt.

»Ich will nicht, daß Sie mir zur Droge werden und daß die Stunden bei Ihnen das Wichtigste für mich sind!« habe ich geantwortet. »Es macht mir eben zu schaffen, daß sich hier eine solche Nähe zwischen uns entwickelt hat, und ich habe Angst, daß mich das in Abhängigkeit bringt.«

D. sagte, dies sei auch für ihn eine schwierige Gratwanderung. Es sei auch nicht sein Ziel, daß ich jahrelang zwei- oder dreimal bei ihm bin und da »lebe« — vielleicht nur da. Deshalb fände er meine Absage an ihn in Ordnung.

Da wir uns dies nun gegenseitig deutlich gemacht haben, fühle ich mich ruhiger. Ich denke: Eines Tages werde ich den richtigen Zeitpunkt für das Ende der Therapie wissen. Jetzt brauche ich D. jedenfalls noch dringend; denn ich bin mit ihm der Ansicht, daß das, was wir bis jetzt besprochen haben, doch wohl nur die Spitze des Eisberges war. Ich muß seine Hilfe noch weiter dazu nutzen, mir über meine Situation in der Beziehung zu Heiner klarer zu werden, meine eigenen Standpunkte herauszufinden.

Sonntag, den 19. Februar 1984

In mir macht sich nagend der Gedanke breit, daß ich im Augenblick für meine Anne gar nichts tun kann. Seit ich damit beschäftigt bin, mich mit mir selbst auseinanderzusetzen, bin ich dauernd zu abgelenkt, um ihr das zukommen zu lassen, was sie doch so nötig braucht. Sie hängt viel herum, wenn ich versuche, meine Gedanken zu ordnen, indem ich sie in ein Tagebuch schreibe. Wenn sie mich damit in der Ecke sitzen sieht, wendet sie sich ratlos ab, legt sich auf ihr Bett und hört Märchenkassetten. Es schnürt mir die Kehle zu, wenn ich das beobachte. Ich mahne mich innerlich, daß dieses Kind ein Recht auf eine unbeschwerte Kindheit hat — dennoch steht dagegen die Tatsache, daß meine Kraft nicht reicht, ihr zu Lebendigkeit und Lebenslust zu verhelfen. Ich glaube, daß man das nur vermitteln kann, wenn man selbst ausreichend so empfindet.

So bleibt mir nur, zuzusehen, daß ich mit meiner Arbeit mit D. vorankomme – der ist jedenfalls eine »segensreiche Einrichtung«. Ich wäre allein nie auf den Gedanken gekommen, mich zu fragen, was an meiner augenblicklichen Situation eigentlich *gut* sei. D. hat mich danach gefragt. Wir haben darüber gesprochen, daß schlechtes Fühlen, Quälendes, Trauriges, Ärgerliches, Wütendes auch seinen *Sinn* hat und darum nicht nur schlecht sein kann.

»Alle Gefühle gibt es in Polen«, hat D. gesagt, und nachdem wir über die Doppeldeutigkeit dieses Satzes genug gelacht hatten, begann er aufzuzählen: »Freude – Ärger, Liebe – Haß, Lust – Unlust, Zuneigung – Abneigung, Begehren – Ekel ...« Bei jedem zweiten Wort haben sich mir die Nackenhaare gesträubt. »Es gibt immer beides. Beides ist möglich, auch dicht nebeneinander.«

Ich weiß – auch ohne daß D. es mir sagt –, daß ich lernen muß, beide Gefühle anzunehmen, auch die schlechten. Die habe ich aber immer schleunigst nach unten gepackt, so getan, als gäbe es sie überhaupt nicht. So habe ich es in meiner Kindheit jahrelang geübt: Ich habe mich so lange nicht mit meinen negativen Gefühlen auseinandergesetzt, weil es diese ja bei uns nicht geben durfte.

Haß darf nicht sein. Abneigung darf nicht sein. Ekel darf nicht sein. Unlust darf nicht sein. Ärger und Trauer dürfen nicht sein! Da hatte alles auf Biegen und Brechen schön zu sein. »Immer nur lächeln und immer vergnügt« — der Lieblingsspruch meiner Mutter. Am Ende habe ich auch schon selbst daran geglaubt, daß es schlechte Gefühle für mich nicht geben muß.

Mir wird auf einmal klar, daß ich mit dieser Einstellung gar nicht in der Lage bin, um mein Kind zu trauern. Und ich kann jetzt auch nachvollziehen, was nach Franks Tod mit mir passierte, weshalb ich immer mehr zuging, mich so sehr verschloß, daß ich nicht einmal weinen konnte. Keine Träne für mein totes Kind. Keine Träne für den, der so intensiv sein Hoch-Tief gelebt hat, daß es mir manchmal Angst machte und ich versuchte, es ihm auch abzugewöhnen, wie es mir einst abgewöhnt wurde. Keine Trauer für den, der so war wie ich — wir waren zwei rechte Schuhe, seelenverwandt.

Habe ich vielleicht meine zehn schönen Jahre und dann auch Franks Tod gar nicht als ganzer Mensch erlebt? Konnte ich gar nicht meine ganze Kraft dafür einsetzen, weil ich einen Teil meines Selbst auszuklammern versuchte? Und mußte mein Kind sterben, damit ich lerne?

Ich fühle mich auf einmal auf der ganzen Linie schuldig. An meinem Kind und an mir selbst. Was für ein Kraftakt, Trauer zu verhindern, weil ich darüber nichts gelernt habe, nichts damit anzufangen weiß.

Das wollte ich alles nicht haben. Franks Tod paßte nicht zu mir. So was durfte es in meinem Leben einfach nicht geben. Ich hatte keinen Platz dafür. Dafür war nichts vorgesehen. So wollte ich denn auch unbedingt unverändert weiterleben wie vorher. Aber es ging nicht! Am Ende konnte ich gar nicht weiterleben. Und zur gleichen Zeit sagten mir die gutmeinenden Leute rundum: Kopf hoch, das Leben geht weiter!

Ja, es geht weiter — aber verändert, verdammt noch mal! So verändert, daß ich Mühe habe, mich darin zurechtzufinden. Ich habe, ein halbes Jahr nach Franks Tod, versucht, aus meinem dreißigsten Geburtstag ein großes, fröhliches Fest zu machen. Für alle, die da waren, habe ich gelacht und getanzt — wie immer. Dabei stand ich entsetzt und angeekelt neben mir und beobachtete dieses Schauspiel. Die anderen haben sich gefreut, daß es mir nun endlich wieder gutgeht, ich wieder ganz die Alte sei. Schönes Theater, bravo!

In Wirklichkeit wußte ich, daß in dieser Woche unser Muttchen – Heiners Mutter – zu uns ziehen würde, um bei uns zu sterben. Im Krankenhaus war nichts mehr gegen ihren Krebs zu machen. Ich mußte wieder gequältem Sterben zusehen – das heißt: Ich wollte es auch. Zwar wollte ich was fürs Muttchen tun, die ich sehr gern hatte, aber zugleich wollte ich auch nochmals dem Tod begegnen – wollte mehr wissen über etwas, was mir so fremd war und mir soviel Angst machte.

Ihr Sterben hat nur eine Woche gedauert, aber dieser Zeitabschnitt kommt mir auch jetzt noch endlos lang vor. Heiners Vater wollte nicht, daß sie etwas über ihre Lage, über ihren bevorstehendenTod erfuhr. Er hat sie immer wieder mit heftigster Überzeugung belogen: Du sollst sehen, du wirst wieder ganz gesund! Noch am Tage vor ihrem Tod. Wir wußten alle, daß sie vor ihrem Tod stand, nur sie selbst ließen wir es nicht wissen. Daß selbst in dieser ernsten Situation Theater gespielt wurde, machte mich wütend.

Es blieb ihr natürlich nicht verborgen, daß hier gespielt wurde, und so nahm sie in einem Moment, als Heiners Vater nicht im Zimmer war, meine Hand und fragte mich: »Mein liebes Kind, sage mir doch einmal, haben euch die Ärzte Hoffnung gemacht, daß ich gesund werde?« Wahrheitsgemäß antwortete ich: »Nein, nicht sehr viel.« Mein Herz klopfte rasend. Enttäuscht sagte sie: »Ach, und ich dachte, ich würde noch leben. Alle sagten doch, wir werden den Krebs besiegen!«

Es folgte dann ein leises Gespräch über ihr Sterben und über ihren Glauben, der die feste Hoffnung enthielt, sie wüßte, daß es ihr dort besser gehen würde, sie habe aber auch Angst vor dem Moment des Todes. Dies waren die einzigen Worte, die wir ihr in den drei Jahren ihrer Krankheit gestatteten über ihren Tod zu sprechen. Wir wollten von ihr nichts darüber hören, wollten ihr möglichst auch die Gedanken daran verbieten, bogen jeden Gesprächsanlauf ihrerseits ab, indem wir ihr wider besseres Wissen versicherten, daß sie gesund würde. Wir haben sie um etwas betrogen, was ihr ihr Sterben erleichtert hätte. Wir haben es nicht zugelassen, daß sie im Hinblick auf ihren Tod ihre Gedanken ordnen konnte, ihr Leben noch einmal zu überblicken. Sogar verabschieden durfte sie sich nicht; denn wir verboten ihr jeden Anflug von Abschiedsstimmung, indem wir riefen: »Nein, du wirst doch gesund!«

Am Tag nach dem Gespräch mit mir verschlechterte sich ihr Zustand. Ich rief den Arzt, der sie kurz untersuchte. Danach fragte er mich: »Haben Sie ihr irgend etwas gesagt?«

»Ja, sie hat mich gefragt, und ich mochte sie nicht mehr belügen.«

»Aber so was darf man doch nicht tun! In der Situation läßt so ein Mensch dann doch allen Lebenswillen fahren!«

Ich schrie ihn unter Wuttränen an: »Was nützt ihr ihr ganzer Lebenswille, wenn sie doch nicht leben kann?«

Voller Schuldgefühle und verzweifelter Wut erlebte ich am Tag darauf ihren Tod, der von Unruhe geprägt war. Sie litt in der Nacht Durst, konnte jedoch nichts mehr trinken, da es ihr nicht mehr möglich war, zu schlucken. Morgens um vier Uhr mußte ich sie waschen und das Bettzeug erneuern, da sie alles vollgemacht hatte. Sonst hatte sie das immer wortlos über sich ergehen lassen. Jetzt wimmerte sie die ganze Zeit. Es dauerte auch zu lange ohne die Hilfe der Krankenschwester, die mir am Tage zur Seite war.

Am Morgen begann sie rasselnd zu atmen, und später setzte die Schnappatmung ein, die ich von Franks Todesphase her kannte. Ich verließ das Zimmer nicht mehr, setzte mich auf den Bettrand und hielt ihre Hand. Mein Schwiegervater betete in seiner Not ein lautes Vaterunser nach dem anderen und fragte mich bei jedem ihrer Atemzüge, die nur noch vereinzelt aus ihrer Brust drangen, ob dies der letzte gewesen sei. Es dauerte aber noch fast eine Viertelstunde, in der ich angespannt bis in den kleinsten Nerv wartete. Dann streckte sie sich deutlich und wendete mir einen starren, letzten Blick zu.

Heiners Vater wollte mir nicht glauben, als ich ihm sagte, daß es jetzt vorbei sei, faßte ihre Hand und rief: »Nein, sie lebt doch noch!«

Ich fühlte nichts mehr, nur eine grenzenlose Leere und Stille, sagte mir nach einiger Zeit erstaunt, daß ich, obwohl sie gestorben war, weiterleben − und handeln müsse. Die Krankenschwester

— meine Freundin Brigitte — sah mich an. Wir sagten uns, daß wir die Tote nun waschen müßten.

Es war merkwürdig, den noch warmen Körper zu drehen, der jetzt eine Leiche war. Wir sprachen leise darüber, während wir warten mußten, weil immer noch Stuhl kam. Wir hatten Mühe, die schlappen Arme in ein frisches Nachthemd zu bekommen. Wir kämmten ihr dünnes Haar; Brigitte schnitt ihr Barthaare und Fingernägel, band das Kinn hoch, damit sie nachher schön aussähe, wenn die anderen Verwandten kämen, die Heiner benachrichtigte. Später falteten wir ihr die Hände auf der Brust. Das war schon schwierig, wegen der beginnenden Leichenstarre. Wir versprühten etwas Kölnisch Wasser im Raum, weil der süßliche Todesgeruch nicht aus dem Zimmer weichen wollte.

Als meine Schwester an Muttchens Bett saß, sagte sie: »Irgendwie hat sie doch etwas sehr Friedliches an sich, wie sie da jetzt liegt. Es ist doch schön, wenn jemand so zu Hause, bei seiner Familie sterben kann.«

Ich war aber traurig und dachte nur immer daran, daß in der letzten Zeit zuviel Betrug dabeigewesen war und daß alles viel besser hätte laufen können, hätten wir nur mehr Mut gehabt. Als gegen Abend die Sargträger des Beerdigungsinstituts kamen, um die Leiche abzuholen, ging ich noch einmal mit hinauf ins Sterbezimmer.

Niemals werde ich den Moment vergessen, als sie den toten Körper bei den Armen und Beinen packten und mit einem Schwung in den Sarg beförderten, wobei der Kopf hinten überhing und der Rücken sich nach unten durchbog. Die Haare flogen durch den Windzug dieser heftigen Bewegung — dann wurde der Deckel geschlossen. Die Träger hatten Mühe, den Sarg die schmale Treppe hinunterzutragen, er war riesig und schwarz und hatte rundum Goldfransen. Vor der Tür legten sie sich aber einen würdigen Schritt zu, glätteten die von der Anstrengung auf der Treppe verrutschten Anzüge.

Die gutgelaunten Kinder, die auf der Straße Ball spielten, bestaunten den Sarg und den Leichenwagen und fragten mich, um ihrer Anteilnahme einen herzigen Ausdruck zu verleihen: »Frau Matouschek, ist jemand bei Ihnen gestorben?«

21. Februar 1984

Anne brachte ihre Schulfreundin Birte mit nach Hause. Die schaute sich erst einmal bei uns um und fragte dann, wer denn das da auf dem Foto sei? Anne antwortete: »Mein Bruder – aber der ist gestorben.« Birte wollte Genaueres wisse, und Anne berichtete ihr bereitwillig, was passiert war. Schließlich sah Birte mitleidig zu mir herüber und sagte: »Da waren Sie sicher sehr traurig, aber warum haben Sie nicht gleich ein neues Kind bekommen? Das hätten Sie dann auch Frank genannt. Dann wäre alles schon wieder gut, und Sie brauchten nicht mehr traurig zu sein. Meine Mutter hätte das so gemacht!« Sie strahlte mich wegen dieser Lösung des Problems an und war erstaunt, als ich sie verneinte: »Ich glaube nicht, daß Deine Mutter das so gemacht hätte. Sie hätte auch geweint wegen ihrer lieben Birte. Hätte dann jemand zu ihr gesagt, sie solle man schnell ein neues Kind bekommen, hätte sie traurig den Kopf geschüttelt und gesagt: Aber das wäre ja doch nicht diese meine einmalige Birte, die es nur einmal auf der Welt gibt und die von keinem anderen Kind zu ersetzen ist!« Jetzt sah Birte mich noch betroffener an, und nach einer Weile nickte sie gedankenvoll: »Ja, das kann sein.«

Zweifel darüber befielen mich, ob ich dieses Kind so verunsichern durfte ...

Donnerstag, den 23. Februar 1984

In letzter Zeit stehe ich Heiner ziemlich ablehnend gegenüber, ein Zustand, der kaum gelöste Stimmung zwischen uns aufkommen läßt. Das liegt bestimmt daran, daß ich auf meinem »Vergangenheitsacker« das unterste nach oben schaufele, sorgsam jeden Krümel betrachte und mit D.s Hilfe überlege, was mir davon gut erscheint und was nicht. Es beunruhigt mich sehr, daß ich soviel Ungeklärtes, Ungutes in unserer Beziehung gefunden habe, und ich fühle mich hilflos, weiß nicht, wie ich Heiner erklären soll, was mit mir los ist. Deshalb hapert es bei uns an allen Ecken und Enden, weder unsere Seelen noch unsere Körper finden sich am gleichen Punkt, schon lange nicht mehr. Erst war Franks Tod die

Blockade, jetzt sind es aus dem Nebel der Verdrängung aufgetauchte Tatsachen — die übrigens nur mich hindern, dagegen für Heiner eher unbegreiflich bleiben.

Ich trage viel von meinen Zwiespälten in die Therapiestunden, aber mit Heiner geht die Auseinandersetzung nur schleppend voran. Ich wünschte, mein Mann verstünde mich besser, da er doch dieselben Schreckenserlebnisse durchstehen mußte wie ich. Manchmal vergesse ich dabei, daß das auch zu genausoviel Verkrampfung bei ihm geführt hat wie bei mir. Ich bin zu ungeduldig, indem ich mir wünsche, daß er alle meine Veränderungen sogleich nachvollzieht und akzeptiert. Oft habe ich das Gefühl, bei ihm gegen Wände von Unverrückbarkeit anzurennen.

Erstmalig stelle ich bei meinem Therapeuten einen gewissen Unwillen fest, wenn ich zu ihm von Heiners Phlegma spreche. Schließlich hat er heute so *für* Heiner Stellung bezogen, daß es mich fast wütend machte. Er sagte: »Der hat wenig Chancen bei Ihnen im Augenblick, kann kaum etwas richtig machen.«

Ich wußte, daß D. recht hat, fühlte mich erwischt — und habe ihn wieder mal trotzig eine Stunde lang angeschwiegen. Das ist immer ziemlich unerträglich, sich so gegeneinander anzuschweigen. Als ich schließlich müde ging, sagte er mir, ich käme ihm zur Zeit recht stachlig vor.

Draußen war es eiskalt, aber ich fröstelte auch innerlich — und während ich mit hochgeschlagenem Mantelkragen durch den kahlen Park zum Bus ging, wurde mir auf einmal klar, daß ich selbst einen entschlossenen Schritt tun mußte, um meiner Ehe wieder zu Wärme, Nähe und mehr Offenheit zu verhelfen. Ich mußte Heiner eine Chance geben, indem ich meine Stacheln einzog.

Montag, den 27. Februar 1984

Blöde Bauernregel: Reden ist Silber, Schweigen ist Gold. Stimmt dauernd nicht, genausowenig wie: Immer nur lächeln und immer vergnügt.

Reden hat mir in der Therapie schon goldrichtige Einsichten verschafft. Warum sollte mir Reden mit Heiner nicht ebenso hilfreich sein? Meine Probleme mit ihm kann ich jedenfalls in den

Sitzungen bei D. nicht auflösen; ich brauche Zeit, um mit Heiner zu sprechen. Das ganze Wochenende habe ich versucht, ihm mehr von dem zu vermitteln, was ich in der Therapie von mir selbst über mich in Erfahrung bringe.

Am Freitagabend haben wir Ruth und Stefan besucht, die sich für die Vorgänge in den Stunden bei D. interessieren. Mit Stefan, der Amtsträger in meiner Kirchengemeinde ist, kann ich auch meine Zweifel an Religion und Kirche besprechen. Wenn ich vor Augen habe, was ich bis jetzt über Gott gehört habe, macht es mich nämlich manchmal unsicher, ob Psychotherapie der richtige Weg für mich sei. Zu dieser Verunsicherung trug eine Bemerkung eines Seelsorgers meiner Gemeinde bei, dem ich von meinen Sitzungen erzählte. Er erklärte mir, das sei ja ganz schön, aber: Gottes Rat sei doch der beste Rat, auf menschlichen Rat könne man sich am Ende doch nicht verlassen. Mir ist aber das, was ich in den Gottesdiensten als Gottes Rat vernehme, oft zu abstrakt. Ich weiß nicht immer, welche Rückschlüsse ich für meine Realität daraus ziehen kann. Stefan sagte mir dazu, für ihn sei Therapie nichts anderes als fachärztlicher Rat, den man sich auch bei körperlichen Krankheiten verschaffen würde. Man könne das in diesem Fall nicht plötzlich gegeneinander abwägen, sondern es sei bestimmt besser, zu versuchen, sich beides zunutze zu machen.

Ich war froh über diesen hilfreichen Gedanken und sagte: »Es ist so, daß mir andererseits die Gespräche und das Nachdenken über mich selbst meine alte Sicherheit in bezug auf Gut und Böse nehmen. Alles ist davon berührt, und am meisten quält es mich, daß ich mit Heiner eine neue Übereinstimmung finden muß, ihn dazu bringen muß, sich nach meinen Veränderungen auch zu verändern.«

Nicht darauf achtend, ob es Heiner recht war oder nicht, begann ich, unsere sämtlichen Disharmonien – heimliche besonders – vor den Freunden auszubreiten. In ihrer Gegenwart schaffe ich es besser, dabei ruhiger zu bleiben. Wenn ich mich nicht so ausschließlich an Heiner wende, sozusagen über Dritte zu ihm spreche, nimmt er auch nicht diese angegriffene Verteidigungsposition ein, die den Gedankenaustausch blockiert. Wir konnten nach dem guten Anfang unser Gespräch auf dem Weg nach Hause fortsetzen, ohne in Streit zu geraten.

Am nächsten Tag haben wir zusammen das e-moll-Klavierkonzert von Chopin in der Musikhalle gehört. Es ist unser beider Trauermusik seit Franks Tod, und es berührte uns auf dieselbe Art.

Und Sonntagnachmittag habe ich tatsächlich mit Heiner geschlafen — eine Seltenheit, seit wir um jedes Fitzchen Nähe kämpfen müssen. Irgendwie ist jeder von uns zu abgegrenzt und für sich. Ich hatte jedenfalls in letzter Zeit weder den Blick noch das Gefühl frei für Heiner, bin wohl zu sehr mit mir selbst beschäftigt, fühle mich unfähig, seine körperliche Nähe zulassen zu können, und wünsche sie mir doch andererseits. Deshalb habe ich es auch versucht — wir hatten viel Zeit und haben es uns gemütlich gemacht. Es war trotzdem wieder nicht schön, weil meine alte Verkrampfung mich erneut daran hinderte, mich fallen zu lassen.

Heiner war lieb zu mir, hat gespürt, daß ich traurig war, und ich erzählte ihm seufzend von dem Gedanken, der meine hoffnungslosen Bemühungen, ganz »normale« Regungen wieder ausleben zu können, seit einigen Tagen begleitet: »Ich wünschte, es gäbe eine Fee, die mir — wie im Märchen — drei Wünsche gewähren und erfüllen will. Weißt du, was mir als erstes einfallen würde? Ich wünschte mir drei Nächte: eine für sehr tiefen Schlaf, eine für langes Weinen und eine voller Lust!«

Das ist wirklich das, was mir seit dem Tod unseres Sohnes ganz und gar abhanden gekommen ist. Ich kann weder schlafen noch weinen, noch Lust empfinden.

Unglücklich — im wahrsten Sinne des Wortes — saßen wir auf dem Bett, Heiner nahm mich in die Arme, und langsam habe ich angefangen zu weinen, habe mir ein Herz gefaßt, und über meine sexuellen Seelenknoten gesprochen. Ich sagte: »Das sind zwar alles alte Geschichten, aber mir ist in den Sitzungen bei D. aufgegangen, daß ich mit dir darüber sprechen muß.«

So habe ich nun abwechselnd geweint und gesprochen und dabei gefühlt, wie eine schmerzhafte Spannung mich langsam verlassen hat, bis ich mich am Ende wohlig leer wiederfand. Vielleicht war sie das erste mal da, meine Fee.

Donnerstag, den 1. März 1984

Es hält an! Obwohl ich noch wenig Vertrauen in das Gefühl habe, wieder einen Ausblick für mich zu sehen, gebe ich gern dem Gedanken Raum, daß mein Weg durch die Talsohle durchschritten ist und daß jetzt wirklich alles besser werden kann.

Eigentlich kommt es daher, daß mein guter Therapeut – Gott sei's getrommelt und gepfiffen: Er ist gut – mir bewußtgemacht hat, daß ich Heiner kaum eine Chance gelassen habe, sich richtig zu verhalten.

D. sagte mir heute, er habe gewußt, daß es mich treffen würde, wenn er sich deutlich auf Heiners Seite stellt. Er stünde aber eben auf der Seite des Lebens und deshalb habe er es dennoch gewagt. Tatsächlich war ich ihm ja auch gram, habe aber auch schmerzlich gefühlt, wie recht er hatte. So habe ich angefangen, doch wieder mit Heiner zu sprechen. Das *ist* seine Chance – und er sieht sie! Da ich jetzt wieder mit dem im Gespräch bin, den meine Probleme angehen, scheint es mir logisch zu sein, daß ich D. nicht mehr so oft brauche. Ob das so stimmt, weiß ich nicht. Jedenfalls habe ich mit D. die Reduzierung der Sitzungen auf einmal wöchentlich vereinbart.

Dienstag, den 6. März 1984

Ich war heute lange allein und hatte Zeit, zu Hause zu malen. Ich habe mit Kohle einige Skizzen über das Thema »Die drei Nächte der Fee« angelegt. Hoffentlich traue ich mich, das mit in die Malschule zu nehmen. Ich habe immer noch Skrupel, mich dort mit diesen Sachen zu sehr zu offenbaren, weiß aber dennoch, daß ich mit echtem Engagement nur malen kann, was in mir lebt – halbherzige Stillebenmalerei liegt mir nicht.

Als Heiner kam, haben wir noch zusammengesessen und Rotwein getrunken. Nach und nach wurde uns dabei äußerst kuschelig zumute, wir krochen zusammen und genossen in dieser Nacht innigste Nähe – wieder ein Feenbesuch.

Freitag, den 9. März 1984

Mein Großvater ist in dieser Woche gestorben und hatte zu Lebzeiten einen denkwürdigen Ablauf der Beerdigungsfeier festgelegt. Ich glaube, es waren Tangoklänge, was wir als erstes hörten, als wir die Friedhofshalle betraten, denn der Organist spielte »La paloma, ohe«. Zwischen den mehr als traurigen Ausführungen des Redners, eines Mannes, der meinen Großvater nie kennengelernt hatte, erklangen dann noch das Seemannslied »Rolling home« und schließlich »Stadt Hamburg an der Elbe Auen«.

Mich hat alles irritiert; ich konnte mit der fröhlichen Herzlichkeit der vielen Tanten, Onkel, Vettern und Kusinen nichts anfangen, mit der sie mir versicherten: so gut, wie ich aussähe, sei es doch offensichtlich, daß ich Franks Tod nun wohl gut verwunden

habe. Ich fühlte mich hilflos, wußte nicht, was ich sagen sollte, hatte die ganze Zeit über Franks Trauerfeier vor Augen.

Als ich D. davon erzählte, fragte er mich, was mir jetzt im Zusammenhang mit dem Tod meines Kindes am meisten zu schaffen macht. Ich erklärte ihm, wie sehr mich immer wieder das Gefühl quäle, Frank nicht genügend Verständnis entgegengebracht zu haben.

Ich habe bei meinem Sohn eigentlich die Eigenschaften bekämpft, für die ich am meisten Verständnis hätte haben müssen, da ich sie doch von mir selbst nur zu genau kenne. Er war ebenso beeindruckbar wie ich. Sowohl geradezu ausgeflippte Freude als auch tiefe Traurigkeit und Verletztsein bis ins Mark waren bei ihm möglich, und beides hat er aufs heftigste ausgelebt.

Das war für mich als Mutter manchmal schwer erträglich. Wie einfach war es dagegen, mit Annes Ausgeglichenheit auszukommen. Sie ruht gleichsam in sich selbst und ist damit ihrem Wesen nach eindeutig Heiner ähnlich. Man könnte fast meinen, daß man sich an ihre kleine Kinderseele anlehnen könnte, wohingegen mein Sohn Frank volle Anteilnahme an jedem seiner Erlebnisse forderte. Dazu war ich aber nicht immer bereit, habe zu oft meine Macht benutzt, ihn zurückzunehmen.

Wie muß ihm das weh getan haben – und wie traurig ist mir die Erkenntnis, daß ich an ihm wiederholte, was mir durch meine Eltern geschah! Denn er hat – wie ich – Schläge bekommen. Wenn das geschah, war ich oft genug über mich selbst entsetzt, weil ich doch genau nachvollziehen konnte, daß diese Art der Züchtigung keine Wesensänderung bewirken kann, sondern einzig die Wirkung hat, daß der Geschlagene sich gedemütigt, unverstanden und letztlich einsam fühlt. Der Gedanke, daß mein Kind in den wenigen Jahren, die er Lebendigkeit erleben konnte, sich vielleicht unverstanden oder einsam gefühlt haben könnte, belastet mich schwer.

Ich bin sicher, daß ich ihm heute, da ich mehr über mich selbst – und somit auch über ihn – weiß, eine bessere Mutter sein würde, indem ich ihn einfach besser leben lassen könnte. Es erscheint mir grausam, daß ich erst nach seinem Tod anfange, ihn besser zu begreifen, daß ich aber nichts wiedergutmachen kann, ihm nichts mehr nachträglich erklären kann – er ist ja nicht hier!

Da gibt es zwischen Frank und mir nichts mehr besser zu machen. Ich kann ihm nicht mehr dieses Gefühl des Angenommenseins vermitteln, das ich bei D. kennengelernt habe und das so guttut. Was mir bleibt, ist, ein wachsames Auge zu haben für mein Verhalten Anne gegenüber — doch ist es ja viel leichter, diesem vergleichsweise ruhigen Mädchen ihre Individualität zu lassen. Gut, daß ich wenigstens bei ihr ganz ohne Schläge ausgekommen bin, dennoch vermag mich das nicht über meine Unfähigkeit gegenüber Frank hinwegzutrösten. Es ist zum Schreien!

D. gab mir zu bedenken, daß ein Kind mit solcher Lebendigkeit auch daraus sicher die Kraft ziehen konnte, trotz meines Widerstandes zu äußern und zu tun, was es wollte. Ich möchte so gerne, daß er damit recht hat. Schweigend saß ich eine Weile, die beruhigende Wirkung dieses Gedankens auskostend. Dann sagte D.: »Versuchen Sie es übrigens ruhig mal.« »Was denn?« fragte ich, weil ich den Gesprächsfaden verloren hatte.

»Zu schreien. Sie sagten, alles sei zum Schreien. Gehen Sie irgendwo in den Wald, und versuchen Sie es, so laut es geht.«

Ich schüttelte den Kopf und sagte zweifelnd: »Ich glaube nicht, daß ich das kann.« — »Es ist auch nicht so einfach«, erwiderte D. Ich hatte meine Vorstellung da aber schon weitergesponnen und erklärte nun: »Der Gedanke reizt mich aber doch, ich werde es bestimmt versuchen.«

»Sie könnten noch etwas versuchen«, meinte D., der heute lauter komische Ideen entwickelte, »vielleicht mögen Sie versuchen, einen Brief an Frank zu schreiben?«

Ich will darüber nachdenken, habe zu D. gesagt, daß ich mir schon lange eine Art Zwiesprache mit meinem Kind wünsche, daß ich aber auch gar nichts zustande bringe. Mein gestorbenes Kind anzusprechen: wie ein Berg steht das vor mir. Obwohl ich im Innersten glaube, daß er mich hören könnte, ist es mir immer noch zu ungeheuerlich, daß ich ihn nicht mehr berühren und sehen kann. Es macht mich ihm gegenüber sprachlos, daß er nicht mehr hier ist — aber vielleicht geht es irgendwann.

April 1984

Franks Todestag jährt sich zum zweiten Mal. Liegt wirklich schon soviel Zeit zwischen dem Unfall und heute? Unweigerlich kommen jetzt noch häufiger die Gedanken an den Unfallort, sein Schädelhirntrauma, den Pneumothorax und daran, daß er den Tod erleiden mußte und wir ohnmächtig und hilflos zusehen mußten. Das löst immer noch denselben Schmerz aus, läßt unruhig schlafen, macht Angst, Zähneklappern und Schweißausbrüche. Es ist kein böser Traum, sondern durchlebte böse Wirklichkeit.

Montag den 28. April 1984

Trotz wiederkehrender Tiefpunkte in den letzten Wochen habe ich das Gefühl, daß es mir besser geht. Zwar vermittelt mir die Therapie keine größere Gelassenheit dem Leben gegenüber, aber ich sehe dadurch Wege, das Leben besser zu akzeptieren, Fröhliches wie Trauriges als dazugehörig anzunehmen. Das zwanghafte Bedürfnis, ein glücklicher Mensch zu sein, habe ich abgelegt und dagegen gelernt, mit meinen schlechten Gefühlen umzugehen.

Eigentlich bin ich ein ganz neuer Mensch geworden. Man kann es nicht sehen, aber ich weiß es! Nichts erscheint mir mehr wie vorher. Ich bin bewußter und sehe deshalb auch genau, daß ein wirkliches Betrauern meines toten Kindes noch gar nicht stattgefunden hat. Ich schäme mich, daß ich noch immer nicht in der Lage war, Franks Tod ins Auge zu sehen, ihn Realität werden zu lassen. Ich war blockiert, mochte nicht den Weg der Trauer gehen, weil ich darüber nichts wußte. Zu lange habe ich reagiert, wie ich es als Kind lernte: Traurigkeit muß verdrängt und schnellstens durch jede mögliche Freude ersetzt werden, und sei sie noch so an den Haaren herbeigezogen.

Mir fällt ein, was Herr Bern mir nach Franks Tod sagte, in der Meinung, es könnte mir helfen: »Als ich einmal mit einem gebrochenen Finger nach Hause kam, sagte meine Großmutter zu mir: Kind, heute ist dein Glückstag, laß uns eine Flasche Sekt holen, denn du hast dir nur den Finger gebrochen! Ansonsten blieb alles heil!«

Bern wollte mir damals eine bestimmte Lebenseinstellung aufzeigen. Diese Art des Herunterspielens schmerzhafter Dinge war mir bestens bekannt. Im Zusammenhang mit dem Tod meines Kindes kam es mir gänzlich unangemessen vor, von einem »Glückstag« zu sprechen.

Bitterkeit steigt auch in mir auf, wenn ich daran denke, auf welche Art selbst in meiner Kirchengemeinde Trauer verhindert werden sollte. Daß mich zuerst kaum jemand weinen sah, wurde als »Zeichen des würdigen Tragens solchen Schicksalsschlages« gewertet – und es war doch für mich nur qualvolle Erstarrung. Als ich mich ein halbes Jahr später aus dieser Erstarrung zu lösen begann, hatte ich das Gefühl, im dunklen Loch zu sitzen. Mit Befremden stellte man in meiner Umgebung fest, daß ich die Fragen nach meinem Befinden mit »Nicht so gut« beantwortete. »Ach, das ist nur ein Tal, es geht schon wieder bergauf, man darf sich da nicht so hineinfallen lassen. Kopf hoch, den Herrn um Kraft dazu bitten, Er gibt sie dann auch.«

Diese Trostversuche sind mir immer vorgekommen wie Tabletten mit gräßlichen Nebenwirkungen: Sie bewirken ein Ohnmachtsgefühl, von dem mir übel wurde. Ich dachte, es könne doch nicht der Sinn unseres Glaubens sein, daß wir so selig in Jesu sind, daß wir nicht einmal länger als ein paar Wochen trauern dürfen. Ich wünschte mir eigentlich nicht einmal, mich unbedingt verstanden zu wissen, wollte nur, daß die Leute meine Traurigkeit akzeptieren, mich um mein verlorenes Kind weinen *lassen*. Jetzt habe ich die Gemeinde gewechselt, weil ich mich in der ehemaligen mit meinen Veränderungen nicht angenommen fühlte. Überhaupt lechze ich geradezu nach dieser Zeit der inneren Veränderungen auch nach äußeren Veränderungen. An allen eingefahrenen Lebensumständen »doktore« ich herum.

Unser neues Schlafzimmer mit getrennten Betten ist fertig – ich habe einen heimlichen Grenzstrich gezogen, beginne mühsam, mich aus der – von mir selbst in Gang gesetzten – Umklammerung von Heiner zu lösen. Es erstaunt mich immer noch, wie wenig dramatisch das für ihn ist. Mag sein, daß wir uns deshalb auf andere Weise nähergerückt sind. Er geht neuerdings auch manchmal Wege ohne mich; ich glaube, er hat vorher zu oft meinetwegen verzichtet. Mir scheint es nicht mehr erstrebenswert, sondern fast paradox zu klingen, dieses »Wir machen alles gemeinsam.« Wir sind doch so unterschiedlich!

Ich habe keine großen Feste mit den alten Freunden mehr veranstaltet, die nicht mehr nach Frank fragten, habe mich mehr auf mich selbst zurückgezogen, befinde mich auf dem Egotrip. Meine Arbeit als Dekorateurin im Modestudio habe ich jetzt nach sieben Jahren gekündigt, sie bereitet mir keine Freude mehr. Das Vordergründige dieser Branche fällt mir immer mehr ins Auge. Ich nehme immer noch gerne schöne Dinge in die Hand, kann jedoch andererseits darüber nicht mehr in Begeisterung fallen. Ich stehe schon länger nicht mehr mit demselben Engagement hinter dieser Arbeit, und so ein halber Kram ist mir zuwider.

Dagegen investierte ich viel Kraft und Zeit in die Malerei, etwas, was ich früher nicht einmal ernst genommen habe. Jetzt finde ich auf dem, was entsteht, viel von meinen inneren Spannungen wieder. Es geht also: Ich kann mir etwas herausmalen!

Ich habe D. einige meiner Arbeiten mit in die Therapiestunde gebracht. Es fiel ihm sofort auf, daß ich alle Ränder und Kanten winkelgenau mit der Schere begradigt hatte. Das Merkwürdige daran ist, daß die Arbeiten dadurch viel Lebendigkeit verlieren. Ich hatte das selbst so erlebt, und in der Malschule sprachen wir darüber. Klaus sagte zu mir: »Darf bei dir nie etwas über den Rand hinausgehen?« Dieser Satz hallte bis in mein Innerstes nach. Für mich gilt es, zu lernen, sinnlose, formale Grenzen zu überspringen. Ich spüre, daß die Malerei mir Möglichkeiten bietet, einige meiner Grenzen sichtbar werden zu lassen. Das ist mir eine Herausforderung. Warum traue ich mich nur mit Widerstand, dem Meer die Farbe Orange oder einem Selbstporträt gar die Farbe Grün zu geben? Mauern von eingetrichtertem Falsch- und Richtigkeitsdenken umgeben mich. Welche davon sind wichtig, tragend? Welche kann ich niederreißen, um den Blick nach vorn freizubekommen?

Montag, den 4. Juni 1984

Es drückt mich zwar nieder, aber ich habe mich dazu durchgerungen, meine Stunden bei D. aufzugeben. Dies ist ein Abschied, den ich fast gar nicht ertragen mag, aber einmal muß es ja doch sein; wenn ich es noch weiter hinausschiebe, wird es immer schwieriger, mich zu lösen. D. spürte in den letzten Stunden meine etwas depressive Stimmung, und da wir keinen erneuten Grund dafür herausfinden konnten, fragte er mich, ob das vielleicht mit der bevorstehenden Ablösung von ihm zusammenhängen könne. Damit hat er genau ins Schwarze getroffen. Ich bin gegangen, ohne einen neuen Termin mit ihm auszumachen.

Einerseits bin ich froh, daß ich wirklich den Mut habe, allein weiterzugehen, andererseits weiß ich, daß D. mir zunächst sehr fehlen wird. Ich weiß auch, daß jetzt nicht, wie im Märchen, die Zeit kommt: »Und so lebte sie glücklich bis an ihr Lebensende.« Hoch und Tief werden bei mir immer stark abwechseln, jetzt vielleicht noch mehr als vor allem Unglück und vor der Therapie. Ich vertraue aber darauf, daß mir das, wozu mir D. verholfen hat, nicht mehr entgleiten, daß ich darauf aufbauen kann. In den Stunden bei ihm habe ich, teilweise trotz heftigen inneren Sträubens, alle meine inneren und äußeren Lebensumstände verrückt, angefaßt oder zumindest angeschaut. Durch die Begegnung mit D. habe ich etwas für mein Leben dazugewonnen, ohne mich jedoch in dieser Begegnung zu verlieren. Trotzdem bin ich traurig.

15. Juni 1984

Heute war ich das letzte Mal – wer weiß? – bei D. Ich habe eine Flasche Sekt und eine dicke Rolle meiner zuletzt entstandenen »Gemälde« mitgenommen und kam mir dabei vor wie Rotkäppchen, das zu seiner Großmutter geht. Alles war heute anders als sonst: D. hat geraucht, und wir haben die ganze Flasche Sekt geleert, während wir die gemeinsam verbrachte Zeit nochmals besprachen.

Er sagte mir, er habe mich damals zu Beginn sehr schnell gemocht, und sparte jetzt am Ende nicht mit Worten, mir das freundliche Bild, das er von mir hat, zu zeigen. Saß da, grinste wie ein Honigkuchenpferd und sagte mir sehr freundliche Sachen, »Streicheleinheiten«, die ich mir vorbehaltlos ins Herz fallen lassen konnte und die ich ebenso vorbehaltlos erwidern konnte. Wir stellten fest, daß wir Glück miteinander hatten.

D. fragte, ob ich ihm später mal schreiben mag, wie es weitergeht. Ich wolle das schon, erwiderte ich, jammerte aber sofort, daß er dann bestimmt gar nicht mehr wisse, wer ich sei, bei den vielen Schicksalen, auf die er sich immer neu einlassen müsse. Er reagierte denn auch recht hübsch auf diese Klage mit der Versicherung, er vergäße bestimmt nicht, welcher Mensch zu dem Namen Leonore gehöre, denn schließlich sei die gemeinsame Zeit für ihn von ebensolcher Intensität gewesen wie für mich. So weit, so gut – und »prosit!«

Ich schenkte D. eins von meinen Bildern, eine sehr abstrakte Geschichte, auf der ich versucht hatte, das Wort »Widerstand« darzustellen. Dabei hatte ich eben den Widerstand vor Augen, den ich D. – und mir selbst – innerhalb der Therapie gegen das Öffnen meiner neurotischen Seelenknoten entgegengesetzt und schließlich zu guten Teilen aufgegeben hatte.

Auch diese vorläufig letzte Sitzung, in der wir uns gegenseitig mit Freundlichkeit therapierten, fand ihr Ende. Der Kater des Psychologen sandte mir einen letzten beleidigten Blick nach. D. begleitete mich zum Bus – sagte, er habe sowieso noch Besorgungen zu machen. Wir umarmten einander, und das war einer jener warmen Momente, die bei mir bleiben.

15. Juni 1984

Blumen an Herrn D. und eine Karte: Lieber Herr D., tausend Dank für die schöne neue Brille. Ich bin ganz sicher: Es gab für mich keinen geeigneteren Optiker! Liebe Grüße, *Ihre Leonore*

Sonntag, den 24. Juni 1984

Nach dem Abschied von den Therapiegesprächen habe ich mich in meine Bücher verkrochen, habe Freuds »Abriß der Psychoanalyse« gelesen und dabei meine eigene Sitzungszeit nachvollzogen. Mir fällt auf, daß ich eigenartigerweise sehr wenig mit D. über den Tod meines Kindes gesprochen habe, obwohl dieses Ereignis eigentlich das ausschlaggebende Moment war, das letztlich die Therapie notwendig machte. Mir ist, als habe Franks Sterben zutage gebracht, daß es in meinem bisherigen Leben neben den tragenden Mauern zu viele Fassaden gegeben hat. In Zukunft will ich versuchen, mehr in der Realität zu bauen, als meinen Luftschlössern nachzuhängen. Den bedenkenlosen Griff nach den Sternen, der sich dann als sinnlos erweist, muß ich mir wohl abgewöhnen. Es kommt darauf an, mir jene eigenen, bei D. gewonnenen Erkenntnisse und Rückschlüsse in der Tat endlich ganz zu eigen zu machen.

Ich spreche viel mit Heiner. Obwohl ich ihm die ganze Zeit über verbal nur wenig »rüberbringen« konnte, hat er viel von den Veränderungen, die sich während der Therapiezeit in mir abspielten, selbst erspürt und verstanden. Wir freuen uns jetzt beide staunend darüber. Mein schlechtes Fühlen, das trotzdem noch oft da ist, kann ich aushalten, ich muß mir deswegen nicht mehr das Leben nehmen. Ich kann es einordnen, weiß, wo es herkommt, und kann es auch ausleben. Ich kann mir selbst mehr gestatten, und damit natürlich auch meinen Lieben. Freiheit, die ich meine!

Gestern waren einige Freunde zum Frühstück bei uns. Ich stehe ihnen verändert gegenüber, habe mich aber in ihrer Gegenwart wohl gefühlt und zu Christian gesagt, daß ich mich in mir selbst wieder mehr zu Hause fühle.

1. Juli 1984 — in Schweden

Ohne Hetze sind wir losgefahren, doch auch voller gemischter Gefühle, was diesen für uns ungewohnten Wohnwagenurlaub anbetrifft. Die Überfahrt mit dem Riesenfährschiff war angenehm, im Liegestuhl auf dem Sonnendeck, Anne im Deck-Swimming-

pool, strahlend, aufgeregt, dann total müde, zusammengerollt mit Kuschelkissen. Eine völlig verrückte Viertelstunde mit meinen Eltern in Trelleborg, alle reden durcheinander. Wir erfahren von ihnen, wo der Wohnwagen steht. Mittagessen in Malmö. Wir erreichen den Campingplatz an der Nordsee, richten den Wohnwagen ein. Anne ist traurig, weil sie das schwedische Mädchen von nebenan nicht verstehen kann. Die beiden Kinder stehen ratlos voreinander. Ich sage: Spielt doch mit dem Ball, dazu braucht man keine Worte. Es klappt, Anne lacht wieder. Komisches Campingleben, private Geräusche dicht an dicht, nachts prasselnder Regen auf dem Caravandach, alles ungewohnt.

Ich sehne mich nach Ruhe! Spüre, daß ich meine traumatischen Erlebnisse immer bei mir habe. Im Hinterkopf ist meine »unglückliche Zeit« immer dabei, versperrt mir manches Schöne. Ich muß es aber zulassen, daß es so ist; denn ich kann nichts dagegen tun: Erlebt ist erlebt. Ich kann mich dem nicht entziehen – auch nicht in irgendeinem Urlaub –, muß lernen, Franks Tod als zu meinem Leben dazugehörig zu akzeptieren. Sobald ich mich dagegen sperre, geht es mir schlechter. Also setze ich mich dem lieber aus, lese »Verwaiste Eltern«, heule dabei bis zur Erschöpfung, denn die Autorin hat darin Worte gefunden für jede einzelne quälende Situation nach einem solchen Unglück. Es könnten meine sein, aber ich war ja vollkommen sprachlos.

Sonntag, den 8. Juli 1984

Dieser Urlaub ist bis jetzt die reinste Katastrophe. Heiner und ich streiten dauernd. Das ewige Bettenbauen und sonstige Herumgeräume geht mir auf die Nerven. Dauernd brechen wir wieder auf, kaum daß der Wagen richtig steht. Das Wetter ist schlecht, so daß ich mich nicht einmal für die Landschaft begeistern mag. Ich wäre ja schon zufriedener, wenn ich diese heftigen Rückenschmerzen los wäre, die wahrscheinlich das Resultat der Daueranspannung sind.

Unseren kauzigen Münchener Nachbarn hört man seit Stunden pfeifen: Oh, when the saints go marching in« – er ist guter Laune, aber ich kann's nicht mehr hören.

Gestern war der erste schöne Tag. Sonnenschein auf Öland. Wir haben die Adresse von Familie Meininger, die mit den beiden Kindern in der Nähe Ferien auf einem Bauernhof machen. Anne hat sich riesig gefreut, hier im fremden Land die Freunde von zu Hause zu treffen.

9. Juli 1984

Ein Brief an die Freundin meines Bruders, die sich nach viel Auseinandersetzung von ihm trennte, bevor wir in Urlaub fuhren:

Liebe Ursula,
ich schreibe Dir aus Schweden und schicke den Brief in Dein Elternhaus, weil ich Deine Göttinger Adresse nicht habe.

Gleich zu Anfang muß ich Dir sagen, daß ich über das Ende der Beziehung zwischen meinem Bruder und Dir sehr traurig bin, denn ich habe Dich gern. Ich weiß, wie sehr du Dich gequält hast, bevor Du diese Entscheidung getroffen hast, und glaube auch zu wissen, wie Dir jetzt zumute ist. Denn seit dem einen großen Verlust, der uns getroffen hat, kann ich wohl nahezu jeden Trennungsschmerz auf dieser Welt verstehen. Sicher wirst Du jetzt von zwiespältigen Gefühlen hin und her gerissen, denn einerseits ist es ja gewiß eine Erleichterung, daß der Quälkram der letzten Zeit ein Ende hat, doch kostet es Dich wahrscheinlich auch wieder Kraft, die Folgen dieser Entscheidung zu tragen. Doch vieles war doch auch ganz wunderbar zwischen Euch beiden, meine liebe Ursula. Euer Zusammensein strahlte oft eine große Harmonie aus. Laß es mich aussprechen, daß ich es geradezu tragisch finde, daß Eure Liebe nicht ihre Erfüllung in einem Leben Seite an Seite finden soll! Man kann darüber weinen – ich weiß, daß Du es tust. Es ist ja auch kaum zu begreifen, daß die bloße unterschiedliche Anschauung in religiöser Hinsicht so trennend sein kann – aber es muß wohl auch akzeptiert werden.

Sei getröstet, fühl Dich auch von mir, wie hoffentlich von Deinen Schwestern, schwesterlich umarmt.

Ich hatte gehofft, Deine Eltern, an denen Du so hängst, kennenzulernen, besonders Deine Mutter, die so gute Worte nach Franks Tod für uns hatte.

Ich wünsche Dir von Herzen, daß Du alle Deine Zwiespälte ertragen und aushalten kannst und daß Du jemanden hast, der Dich hält, wenn Du es brauchst.

Sicher hören wir in Hamburg wieder einmal voneinander – doch jetzt senden Dir Heiner und Anne liebe Grüße und besonders
Deine Loni

18. Juli 1984

Die zehn Tage auf Öland waren doch recht schön. Danach haben wir am Sommensee wild gecampt, eine schöne Abwechslung nach dem Massenbetrieb bei Lundegard-Camping. Die Fahrt durch das Landesinnere mit seinen endlosen Wäldern war beeindruckend und anstrengend – ein geplatzter Reifen am Wohnwagen blieb uns nicht erspart. In Frankreich wäre es mir leichter gefallen, der Werkstatt die Marke zu erklären und wo der Wagen steht; hier muß ich es mühsam mit Hilfe des Wörterbuchs versuchen, trotzdem wird uns erst ein falscher Reifen montiert. Als endlich alles klar ist, weiß ich auch, daß ich diese unmelodische schwedische Sprache nicht mag, bei der einem die Worte dauernd im Hals steckenbleiben.

Jetzt sind wir auf der Heimreise. Bei meiner heimlichen Urlaubsbilanz stelle ich fest: Das einzige Gute auf dieser Reise war, daß ich meine körperliche Lust mit Heiner wiederfinde. Der gefällt mir aber auch gut mit seinem wuschigen neuen Bart – und auch sonst.

25. August 1984

Lieber Herr D.,
vielen Dank für Ihren Brief von meiner Trauminsel Sri Lanka. Ich habe mich auch über die gepreßte Tempelblüte gefreut, werde sie aufbewahren.

Mich hat die komische Pseudofreiheit des Wohnwagenlebens ziemlich entnervt. Ich bin kein Camper und werde die Camperseelen auch nie verstehen. Nach einer Woche habe ich mich danach gesehnt, den blöden Jogginganzug gegen ein schönes Sommerkleid einzutauschen. Ich sehne mich nach einem gepflegten Restaurant statt Würstchenbude mit Müllcontainer davor, nach Parfümduft statt Latrinengestank, nach einem Konzert, bei dem man die Augen schließen kann und die Musik in sich hineinfließen fühlt, statt Bummsmusik im Quattrostil, auch nach einer Waldwanderung statt einer Wiese mit zweihundertsechzig Wohnwagen. Ich wollte auch endlich wieder eine Dusche, die nicht nach einer Krone aufhört zu duschen (zwei Minuten), und einen Platz, an welchem ich mir ganz allein die Zähne putzen kann, ohne von fünf Fremden die WC-Geräusche zu vernehmen. Das Schöne, das wir auch erlebt haben, konnte nicht für alles Scheußliche entschädigen – es ging für mich nur noch darum, die Zeit irgendwie herumzubringen. Ganz erschöpft und mitten in der Nacht, weil die Fähre auch noch Verspätung hatte, kamen wir zu Hause an. Aber da lag Ihr Brief – und es stand darin, daß Sie hoffen, daß es mir lebendig geht ...

Ja, lebendig war das wirklich! Ich habe mich die ganze Zeit über intensiv »gefühlt«, wenn auch schlecht, das wurde mir nun bewußt. Ich konnte daraufhin das Ganze als Erfahrung, wenn auch negative, annehmen, entspannen, und mich herzlich darüber freuen, daß ich wieder zu Hause bin, wo man Tassen und Teller in normaler Haltung aus dem Schrank nehmen kann, wo einem ein schnurrender Kater hinterherläuft – und wo man Briefe von netten Leuten vorfindet.

Was die Loslösung von der Therapiezeit und von Ihnen anbetrifft, so fühlte ich mich in der ersten Zeit etwas losgelassen, wie jemand, der auf dem Seil steht ohne helfende Hand. Ich mußte mir immer wieder sagen, daß ich *selbst* losgelassen habe, weil *ich* es wollte, und daß ich balancieren *gelernt* habe. Eigentlich gefällt es mir auf dem Seil auch ganz gut, so wackelig ist es auch wieder nicht. Ich genieße die Aussicht mit meiner neuen Brille – ein lustig hinkender Vergleich, dieses Bild einer bebrillten Seiltänzerin. Aber Sie verstehen schon, denn wir haben uns ja seinerzeit immer ausgiebig der Bildersprache bedient.

Das ist etwas, wovon ich dachte, daß es gar nicht mehr recht geht: ohne meinen Gesprächsaustausch mit Ihnen. Aber das

Gefühl, daß es »ohne« geht, festigt sich zunehmend. Ich habe zwar noch häufig sehr niederdrückende Gedanken, kann sie aber einigermaßen aushalten und habe angefangen, solche Zeiten ebenso auf mich wirken zu lassen wie das Beglückende, das mich endlich wieder erreicht. Ich fühle mich nicht mehr so rundum und jederzeit verwundbar, stehe mit dem Rücken zur Wand. Mein dauerndes Fragen nach Falsch oder Richtig, nach Recht oder Unrecht, nach Schwarz oder Weiß, nach Moral, hat einem einfachen Fühlen und Erleben Platz gemacht. Ich kann dadurch mehr annehmen, mich und andere, bin Mensch unter Menschen. Das absolute Bewußtsein, daß Furchtbares geschehen kann, lähmt mich jetzt nicht mehr so häufig, sondern läßt mich das Schöne mehr und dankbarer genießen.

Ich war in Harburg in der Straße meiner Kindheit, bin mit Anne durch das alte Mietshaus gegangen. Irgendwie habe ich mich auf mein Kind gestützt. Was für ein Gefühl, an der Hand dieses Menschen, der mich liebt, durch dieses Haus zu gehen! Ich bin dort alten Kindheitsängsten begegnet und an der Hand meiner Tochter da herausgegangen. Ein Seelenknoten hat sich gelöst; davon öffnen sich jetzt nach und nach mehrere.

In letzter Zeit habe ich mehrere Bücher zum Thema Tod und Trennung gelesen. Es war mir vorher gar nicht bewußt, daß es dazu soviel unterschiedliche Lektüre gibt. Das ist für mich alles interessant, bedrückend und hilfreich zugleich. Ich war so berührt, daß ich ganz gerne mit Ihnen darüber gesprochen hätte, habe mir aber gesagt, daß ich das letztlich doch allein bewältigen muß.

Meine kleine Tochter ist zur Schule gekommen. Ich wurde fürs erste Jahr als Elternvertretung gewählt, was mir die Möglichkeit bietet, mehr Einblick in den Schulalltag zu gewinnen. Wir reißen im Erdgeschoß eine Wand heraus, um den Raum zu vergrößern. Ab Oktober bekomme ich ein Pflegekind.

In der neuen Kirchengemeinde fühlen wir uns gut. Zwar muß ich es wohl akzeptieren, daß ich meinen Zweifel an den Glaubensdingen auch hier immer dabeihabe, doch martert mich das nicht mehr so sehr; denn ich glaube, daß Gott uns auch gar nicht leichtgläubig haben will. So gewöhne ich mich schon langsam daran, daß ich auch in der Kirche immer alles Gehörte herumwälzen muß, mich auch damit auseinandersetzen muß, bevor ich es annehmen kann. So einfach wie vor meinen Schreckenserfahrungen geht das nicht mehr. Es macht mir eben Schwierigkeiten, wenn ich höre, daß auf ein intensiv gesprochenes Gebet hin Gott immer hilft. Es werden mir zu oft Beispiele erzählt, in denen sich nach dem Gebet alles zum Guten wendete, aber verschwiegen wird, daß sich oft einfach gar nichts tut oder alles noch schlimmer wird. Ich sehe dann immer Heiner vor mir, wie er nach Franks Unfall auf den Knien zu Gott gerufen hat – und wie wir die Erfahrung machen mußten, daß trotz der vielen Gebete in der Gemeinde und trotz der Chance zu überleben, die unser Kind hatte, es schließlich doch starb. Es ist nicht leicht, dabei den Glauben an Gottes Allmacht und seinen Beistand zu behalten. Ich will das aber, denn ohne Glauben an ein Wiedersehen der Seelen im jenseitigen Bereich und ohne Glauben an Gottes Hilfe scheint mir das Leben trost- und sinnloser zu sein.

Heute abend bin ich Achterbahn gefahren; wir sprachen seinerzeit über meine Angst vor rasender Abwärtsfahrt. Es war aber doch nicht so schlimm, ich habe die Augen zugemacht und ganz alt und weise gedacht: So ist das Leben, rauf und runter!

Herzlichst, *Ihre Leonore*

4. September 1984

Der Abstand, den ich durch die Ferienzeit zu meiner Malerei gewonnen habe, hat sich positiv ausgewirkt. Ich habe mutiger weitergemacht und kann dabei etwas von meiner »neuen Freiheit« blicken lassen. Dabei handelt es sich bei den Selbstporträts um keine leichte Sache. Ich empfand das als eine verdreifachte Konfrontation mit mir selbst: im Spiegel ich, auf der Staffelei ich und dazwischen ich. In dieser komischen Situation habe ich nach einiger Zeit aufgegeben, auf mein Äußeres zu achten, und schließlich nur noch auf das reagiert, was durch meine Pinselstriche entstanden ist.

Irgendwie war ich selbst ganz »weg«, und erst nachher, als ich wieder da war, bemerkte ich, wie angespannt ich gearbeitet hatte und was sich auf der entstandenen Malerei – abgesehen von der Ähnlichkeit – alles widerspiegelte. Klaus hat meine beiden Arbeiten von der Staffelei genommen und sie nebeneinander an den Tisch gelehnt. Wir haben sie gemeinsam betrachtet und darüber gestaunt, daß es auf einmal viel offener weitergeht. Ich habe meine Sachen aufgeräumt und ab und zu hinübergesehen zu dem, was da entstanden war – nichts, was »schön« ist, aber trotzdem etwas Gelungenes, Echtes. Mich bewegte das beglückende Gefühl, daß man bei dieser Arbeit, wo man sich auf gar keinen Fall vor sich selbst verstecken kann, deutlich sieht, daß es mir nach aller Depression besser geht: freier, mutiger, unverkrampfter. Meine dauernd nagenden Zweifel daran brauchen solche Beweise.

20./21. September 1984

Wir haben mit dem Umbau im Haus begonnen, die Wand im Erdgeschoß herausgehauen – Dreck und Lärm! Was diese Sache angeht, so fühle ich wieder mal zwiespältig. Einerseits lechze ich nach Veränderung und nochmals Veränderung. Wände einreißen und alte Sachen rausschmeißen – das verschafft mir eine ganz ungeheure Befriedigung. Doch die Sache hat auch eine traurig machende Seite. In dieser Wohnung erinnert bald kaum noch etwas an die Zeit mit Frank. Das möchte ich aber doch am liebsten festhalten! So schwanke ich zwischen der Lust auf das Herausreißen und dem unbedingten Festhaltenwollen. Diese widerstreitenden Gefühle zerreißen mich manchmal fast innerlich, und nach außen wird das durch eine merkwürdige knurrig-lustvolle Unausgeglichenheit sichtbar. Da ich weiß, woher diese Unruhe kommt, kann ich damit leben. Vor der Therapie haben mich solche Zwiespälte sehr verwirrt und mich noch zusätzlich ärgerlich auf mich selbst gemacht. Nun sehe ich, daß es schon hilfreich war, zu lernen, mir selbst auf die Spur zu kommen, innere Widersprüchlichkeit bei mir zu entdecken und hinzunehmen. Ich will meine Kräfte nicht mehr unnötig dazu verschwenden, die Ungereimtheiten meines Lebens – an denen ich nichts ändern kann, weil es sie einfach gibt – unbedingt in angepaßte Rahmen zu bringen.

Obwohl mir das tagsüber so bewußt ist, habe ich nachts oft intensive »Abwärtsträume«. Was ich am Tage aushalten kann, läßt mich des Nachts in meinen Träumen abstürzen, und mir wird morgens bewußt, an was für seidenen Fäden meine neugefundene Selbstsicherheit noch hängt.

In einem der immer in ähnlicher Form wiederkehrenden Träume befinde ich mich oben im Inneren eines Turmes auf einem rundum laufenden Gang. Kreuz und quer in dem Turm sind überall Seile gespannt. Zwei Männer sind bei mir. Sie sprechen davon, wie es das vorige Mal war, als ich da hinunterspringen mußte; es sei ja schließlich auch nicht so schlimm gewesen.

Sie bringen mich auf eines der oberen Seile, von welchem ich sofort in die Tiefe stürze. Ich versuche, in den überall herumhängenden Seilen Halt zu finden, mich selbst aufzufangen. Mit letzter Kraft gelingt es mir, ein Seil zu greifen und mich festzuhalten.

Die beiden Männer haben alles beobachtet, sind zufrieden mit dem Verlauf der Sache und rufen mir zu: »Da hängst du erst mal gut, halt dich nur fest!«

Ich habe aber Angst, noch tiefer zu fallen, greife deshalb ein lose hängendes Seil und lege es mir hastig um den Hals. »Doch nicht um den Hals!« rufen die Männer. Aber mir ist es gleichgültig: Um keinen Preis will ich ein Stück tiefer fallen – lieber wollte ich sterben, mich erwürgen. Ich vergehe vor Angst.

Heiner hat mich geweckt. Mein hechelndes Ringen nach Luft hat ihn beunruhigt. »Das ist doch kein Schlafen, was du da machst«, sagt er.

Der Traum beschreibt sehr genau meine momentane Angst davor, daß es für mich wieder »abwärts« gehen könnte. Ich hatte mir vorgenommen, dieser Angst keinen Raum zu geben, aber sie kommt doch auf Umwegen wieder auf. Der Traum rückt mir meine Angst ins Bewußtsein und erinnert mich gleichsam daran, daß ich sie nicht einfach beiseite schieben kann. Ich muß begreifen, daß der Tod meines Kindes mich in eine umfassende Verunsicherung geführt hat.

Montag, den 1. Oktober 1984

Schlimmer Schmerz hat mich wieder einmal überfallen, obwohl ich meinte, daß mir das in dieser Heftigkeit nicht mehr widerfahren könne. Ich mag es nicht ertragen, daß das Leben einfach weitergeht, obwohl mein Frank gestorben ist, fühle eine starke Diskrepanz zwischen meinem täglichen Fühlen und anderen »normalen« Leuten. Nichts ist für mich normal, gar nichts selbstverständlich. Ich kann mich schlecht an etwas gewöhnen, nichts ist mir gewohnt. Fast zu schwer ist mir die Aufgabe vorgekommen, Anne zum Laternenfest zu begleiten. Als ich zwischen all den Kindern und ihren Geschwistern stand, traf mich Franks Fehlen heftig. Ich wäre am liebsten umgekehrt, nach Hause, unter die Bettdecke, nichts sehen! Da war ein Lagerfeuer, das Anne fasziniert hat. Mit stechendem Schmerz habe ich an meinen »Pyromanen« Frank gedacht, der immer herumkokeln wollte. Mir war zum Schreien, und ich habe mich zwingen müssen, dies fröhliche Fest mit Haltung zu überstehen.

Warum konnte ich das nicht voraussehen? Ich hätte Anne mit einer anderen Kindergartenmutter mitschicken können. Aber dann dachte ich: Das ist auch kein Weg, und Anne ist sicher traurig, wenn alle Kinder mit ihren Eltern gehen, nur sie nicht. So sind Heiner und ich auch noch am nächsten Tag mit dem Musikschulen-Laternenzug mitgegangen.

Ich bin überfordert: eine Woche lang Dreck und Mörtel, ein Fulltimejob als Putzfrau, veränderte Wände, eine veränderte Wohnung, und dazu wegen der erneuten Konfrontation mit meinem Verlustgefühl schlaflose Nächte, Rückenschmerzen, Kopfschmerzen, Furcht, das alles nicht bewältigen zu können, Schrecken bei dem in solchen Fällen sofort auftauchenden Gedanken, lieber nicht leben zu wollen. Ich habe es aber wieder durchgestanden, es noch einmal ausgehalten, hing gefährlich weit über dem Brunnenrand ...

Heute morgen auf dem Weg zum Malen war wieder nur dies ängstliche Gefühl übrig, die Angst nicht ertragen zu können, Angst vor der Angst.

Es wird besser, wenn ich Zeit habe, wenn ich es zwischendurch schaffe, mir Zeit zum Denken zu nehmen. Ich erinnere mich häufig an die Zeit zwischen Franks Tod und dem Beginn meiner Therapie bei D. Dieses tote Jahr, dies Jahr in Fesseln, eine Kette um das Herz, ein Pflaster auf dem Mund, weit und breit keine Hilfe in Sicht. So habe ich trotzdem unbegreiflich lange und vollkommen tränenlos ausgehalten, unfähig, mich zu rühren. Ich finde jetzt Worte dafür: niedergemacht, zerschlagen, gelähmt, tödlich verwundet, zugemauert. Über ein halbes Jahr jede Nacht kaum mehr als drei Stunden Schlaf, zusammengerechnet, tagsüber die allergrößte Not, zu schaffen, was zu tun ist. Meine Ehe ist fast zerbrochen, es fand gar NICHTS mehr zwischen uns statt. Heiner habe ich hilflos gemacht, die Freunde ratlos – das habe ich alles gesehen, es hat meinem Kummer und meiner Not noch die Krone aufgesetzt. Die alten Symptome jener Zeit, Kopfschmerzen und Rückenschmerzen, sind mir geblieben, ich habe sie sofort wieder, wenn ich schwer zu Bewältigendes herumwälzen muß. – Damals habe ich nur eine Möglichkeit gesehen, der mir unerträglichen Situation ein Ende zu bereiten: indem ich meinem Leben ein Ende mache.

Staunend stelle ich fest, daß aus dem Ende ein zaghafter neuer Anfang zu wachsen beginnt. Ich denke, daß ich diesen Satz, den ich mal irgendwo hörte, auf mich beziehen kann: Die Mitte der Nacht ist der Anfang des Tages. Das weiß ich auch, wenn ich wieder einmal einige schlaflose Nächte habe.

Donnerstag, den 18. Oktober 1984

Ich habe D. einen schönen Stein geschickt, den ich mal in Dänemark am Strand gefunden hatte – und ihm einen Brief mit in das Paket gelegt. Es ist die Antwort auf einen Expreßbrief von ihm.

Lieber Herr D.,
dieser Stein fiel mir vom Herzen, als ich ein Lebenszeichen von Ihnen erhielt. Wäre ja denkbar gewesen, Sie hätten ein Aussteigerdasein auf Sri Lanka dem kompliziert-turbulenten Leben unserer Millionenstadt vorgezogen?

Zugegeben: Ich war zunächst erschrocken, als es zu nächtlicher Stunde an der Tür klingelte – womöglich eine Hiobsbotschaft? Ich bekomme nicht oft Expreßbriefe. Ich habe mich dann aber, sehr erleichtert – eben um jenen Stein –, über Ihre Betrachtungen über meine Petersilienhochzeit gefreut. Es war ein schönes Fest, das unsere Freunde für uns organisiert hatten, eine spürbar von Herzen kommende Leistung guter Freunde, die sich ganz auf unsere Stimmung einstellten. Die Petersilienberge habe ich teilweise eingefroren. Das Zusammenraufen und Durchschlagen mit Heiner sieht nach zwölfeinhalb Ehejahren im Augenblick wenig brutal aus, sondern ist eher von Zärtlichkeit bestimmt.

Ich habe mich in den letzten Tagen endgültig zu »bewußtem Leben« entschlossen, strotze vor Aktivität, wie lange nicht. Ich bin ernsthaft damit beschäftigt, eine Selbsthilfegruppe für »Verwaiste Eltern« zu gründen. Soweit ich das bis jetzt überblicken kann, gibt es so etwas in Hamburg noch nicht, obwohl das Bedürfnis nach einer solchen Gruppe besteht. Wie ich von einer Kontakt- und Informationsstelle für Selbsthilfegruppen erfahren habe, gab es dort schon häufiger Anfragen danach. Über diese Stelle habe ich auch Kontakt mit einer Theologin der Evangelischen Akademie bekommen, die sich dort auch, gemeinsam mit Ärzten und Psychologen, um die Entstehung einer Gesprächsgruppe für Eltern, die ein Kind durch den Tod verloren, bemüht. Ich renne also offene Türen ein. Es könnten sich teils gemeinsame, teils parallel laufende Gesprächsgruppen Betroffener bilden. Ein Bericht von mir über das Anliegen der Gruppe, Menschen zu helfen, die den Tod ihres Kindes nicht gut alleine bewältigen können, wird im Hörfunk gesendet werden.

Für mich ist das alles sehr aufregend. Obwohl ich abends oft sehr müde bin, schlafe ich wieder mal schlecht. Das bedrückt mich aber nicht zu sehr; denn diesmal ist es das Leben, das mich wachhält, sind es eben nicht quälende Kreisgedanken.

Bei allem wird mir die Therapiezeit mit Ihnen, je mehr Abstand ich gewinne, immer mehr wert. Das Vertrauen in das dort Erarbeitete wächst und auch die Sicherheit, daß es mir nicht mehr entgleiten kann. Obwohl ich die Angst in mein Leben hineingenommen habe, geht es mir gut – wahrscheinlich besser als irgendwann vorher.

Mit lieben Grüßen
Ihre Leonore

Dies ist D.s Antwort auf meinen Brief mit dem Stein:

Liebe Frau Matouschek,
dieser Stein von Ihrem Herzen fiel mir natürlich auf die Füße, weil ich so ungeduldig an dem Paket zerrte. Attacke — dachte ich, aber dann: Nee, kann nicht sein, ist von der Matouschek, also: Brief lesen. Nach solchen Mühen saß ich dann hier, legte den Stein auf mein Tischchen mit den wertvollen Therapeutensilien (Sie wissen?) und freute mich sehr über den tollen Brief. Diesen hier wollte ich schon früher geschickt haben, verkneife mir aber diesmal einen Expreßbrief, was sollen schließlich die Nachbarn denken.

Die Idee mit der Gruppe für »Verwaiste Eltern« finde ich gut. Ich kann Ihnen nur wünschen, daß es klappt. Fragen Sie doch mal bei der örtlichen Erziehungsberatungsstelle nach (amtlich heißt das: Staatliche Psychotherapeutische Beratungs- und Behandlungsstelle). Über den optimistischen Schluß Ihres Briefes habe ich mich ganz besonders gefreut und wünsche Ihnen, daß es so weitergeht.

Ich selbst fühle mich trotz Regen und Herbst ausgeglichen und ruhig, was für mich lange Zeit gar nicht selbstverständlich war. Darum freue ich mich auch darüber. Mit Ihrer Vermutung eines Aussteigerlebens in Sri Lanka lagen Sie übrigens gar nicht so falsch. Als ich wiederkam, habe ich mit dem Gedanken gespielt. Die Menschen hier erschienen mir so eisig und verschlossen, jeder murkst für sich dahin, es herrscht soviel Gleichgültigkeit und Lieblosigkeit. Aber nach einiger Zeit sah ich dann, daß mein Leben nun mal hier stattfindet. Weglaufen ist auch keine Lösung, jedenfalls nicht für mich.

Zum Schluß wünsche ich Ihnen noch zum Geburtstag alles Liebe. Sie haben doch sicherlich schon von der neuen, Erfolg versprechenden Lebkuchentherapie gehört? Ich sende Ihnen diese zwei wohlschmeckenden Teigexemplare zur Probe mit: Falls Ihnen also mal der Schlüssel zum Herzen verlorengeht, nehmen Sie den aus Teig, dann werden die Glocken schon wieder läuten! Man kaut genüßlich, und flugs hat sich der Kreisgedanke zu einem Strichgedanken gemausert.

Also, leben und fühlen und denken Sie weiterhin,
Ihr D.

3. November 1984

Ich war zu einem ersten Treffen der Akademiegruppe der »Verwaisten Eltern«. Elf Mütter saßen da um den Tisch herum. Gibt es keine trauernden Väter? Wollen die Männer nicht darüber sprechen, oder brauchen sie es nicht, können sie es nicht? Eigenartig: Heiner ist auch nicht mitgekommen, und die Frauen hier sehen in ihrem Leid auch »alleinstehend« aus.

Wir haben zunächst nichts anderes gemacht, als die jeweilige Geschichte zu erzählen, die zum Tod unserer Kinder geführt hat. Das war erschütternd und beeindruckend, nicht leicht auszuhalten. Trotzdem werde ich auch zum nächsten Treffen (einmal im Monat) gehen, weil es mir gutgetan hat, in diesem Kreis von Menschen über Franks Sterben zu sprechen, es diesen, durch ihre eigene leidvolle Erfahrung zum Mitgefühl bereiten und fähigen Menschen zu erzählen. Es war gut, zu hören, daß ihnen meine Tiefen durchaus nicht fremd vorkamen, sondern normal und nachvollziehbar erschienen. Wir stellten gegenseitig erstaunt fest, daß wir nach dem Tod unserer Kinder ja doch nicht so »abnorme« Gefühle hatten, sondern daß sich vergleichbares Fühlen auch bei den gleichermaßen Betroffenen eingestellt hatte und somit für die Situation normal war. Das ist für mich ein wichtiges Erlebnis.

Ich hatte Franks Unfall, die zwei qualvollen Wochen für ihn und für uns, und die Zeit nach seinem Tod bis zu meinem Suizidversuch noch nie jemandem so im Zusammenhang geschildert. Jetzt war ich dankbar dafür, daß es hier Zuhörer gab, die das auch wirklich hören *wollten* und die mich ihrerseits als Zuhörer brauchten. Obwohl ich beim Erzählen weinen mußte – die spürbare Anteilnahme nahm mir die Blockade, es zu tun –, konnte ich diesen Kraftakt bestehen, war auch bereit, den anderen zuzuhören. Dieses wechselseitige Geben und Nehmen kam mir ganz wunderbar vor.

Auf dem Nachhauseweg saß ich allerdings vollkommen erledigt in der Bahn. Ich wußte auf einmal genau, wo ich jetzt stehe: an der Grenze zwischen Licht und Dunkel. Wenn man da entlanggehen muß, kann man beide Seiten deutlich sehen. Ich kenne die helle, fröhliche Seite, und jetzt auch die schwarze Dunkelheit, das, was man allgemein als die »Schattenseiten des Lebens« bezeichnet. Der

Preis, um den ich dieses Wissen um beide gegensätzlichen Seiten erhalten habe, kommt mir zu hoch vor: Mußte Frank sterben, damit ich lerne? Der Gedanke macht mich ganz schwach.

Freitag, den 30. November 1984

Lieber Herr D.,
danke für die guten Wünsche zu meinem zweiunddreißigsten Geburtstag! Daß der Stein von meinem Herzen für Sie zum Stein des Anstoßes wurde (auf Ihren Fuß), hat mich bekümmert. Aber so ist es: Kaum macht man sich von etwas frei, schon ist die Wirkung auf andere anstößig. Daß er dennoch einen solchen Ehrenplatz bei Ihren Therapeutensilien erhalten hat, freute mich andererseits.

Sie schrieben, daß Ihnen die Menschen hierzulande so eisig, verschlossen und lieblos vorkämen. Ich empfinde das auch so und frage mich oft, woran es liegen mag. Manchmal glaube ich, daß von vielen der Ruf nach Selbstfindung und Selbstverwirklichung letztlich doch einseitig überbewertet wird. Sich gegen andere abgrenzen zu können ist schon wichtig — das habe ich ja auch sehr deutlich erfahren —, aber nicht um jeden Preis. Vor allem nicht um den Preis, Nähe erfahren — und zulassen zu können. Die starren, unbeweglich kalten Eisblöcke rundum stören mich, ich sehne mich nach mehr Sensibilität in meiner Umgebung. Aber dann frage ich mich auch, ob es mir immer gelingt, sensibel mit meinen Mitmenschen umgehen zu können.

Ich habe eine Zeitlang geglaubt, daß Sie bei all Ihrem Wissen um die Psychologie immer Wege für sich selbst finden müßten, Ruhe und Ausgeglichenheit trotz Regen und Herbst zu bewahren. Wie schön — menschlich, sympathisch —, zu erfahren, daß das auch für Sie nicht jederzeit selbstverständlich »funktioniert«.

Dies zu fühlen hat sicher nicht unwesentlich dazu beigetragen, daß ich mich während der Therapiezeit doch immer wieder aufraffen konnte zu kommen. Ich hätte überhaupt keine Lust gehabt, einem »Übermenschen« gegenüberzusitzen!

Mein derzeitiges Befinden will ich Ihnen mit einem Traum beschreiben, den ich vor kurzem hatte. Ich saß Ihnen darin gegenüber und beteuerte, daß es mir gutgehe. Sie bezweifelten das, und je mehr ich beteuerte, desto unwohler fühlte ich mich unter Ihrem Blick. Die Deutung für den Traum liegt mir sofort auf der Hand, wenn ich bedenke, was wir über Träume besprochen haben: Seit ich anfange, meine neue Stärke zu fühlen, gibt es eine Gegenseite in mir, die diese Stärke heftig in Frage stellt. Manchmal habe ich das Gefühl, mein ewiger Zweifel zerrupft mich mit seinen Eisfingern. Das kann mich aber doch nicht daran hindern, zu anderen Zeiten meine Kraft zu fühlen – und zu leben.

Heiner geht gefühlsmäßig mit mir. Bei ihm vollzieht sich immer alles so in der Stille; das macht mich manchmal noch kribbelig, aber ich versuche, ihn anzunehmen wie er ist.

Vielen Dank für Ihren Tip für die Selbsthilfegruppe. Es tut sich schon allerhand. Ich habe bereits an einem Treffen der »Verwaisten Eltern« teilgenommen. Was ich dort gehört habe, läßt sich nicht so schnell aufschreiben. Irgendwie war das auch eine Kraftprobe für mich. Es war unmöglich, sich den dort freiwerdenden Emotionen zu entziehen. Ich konnte es aber aushalten. Mir öffnen sich damit neue Wege, mehr über Trauer und Trennung zu erfahren und zu lernen.

Gerade an diesem Wochenende heiratet Christian, von dem ich Ihnen damals öfter erzählte. Ich freue mich darauf, weil mir die seltene Gelegenheit winkt, Walzer zu tanzen in einem wunderschönen neuen Kleid ...

Liebe Grüße, *Ihre Leonore*

1. Januar 1985

Ich habe lange nicht mehr Tagebuch geschrieben, da ich jede Sekunde nötig brauchte, um zu leben. Es war aufregend bergig — überwiegend haben sich wiedermal Tiefs breitgemacht, aber mir scheint tatsächlich, daß ich damit besser umgehen kann als zuvor.

Heiner hatte Urlaub und nutzte die Zeit, um unseren Umbau ein Riesenstück voranzutreiben. Diese ewige Baustelle im Haus kann ich nicht mehr leiden. Vor ein paar Tagen habe ich in einem Wutausbruch eine Tür so heftig zugeschlagen, daß die Türfüllung herausfiel — auch nicht gerade produktiv, jetzt muß ich mich um einen Glaser bemühen. Ich brauche wieder Ruhe im Haus, Ordnung und Atmosphäre. Die Wohnzimmermöbel stehen seit einigen Wochen dick verpackt auf der Terrasse unter der Markise. Ich hatte nicht damit gerechnet, daß dieser behelfsmäßige Zustand so lange dauern wird. Heiners Perfektionismus wird immer deutlicher und braucht natürlich einen Berg Zeit. Tröstlich ist nur, zu sehen, daß es wahrscheinlich prima wird, wenn's fertig ist.

Die Weihnachtszeit, in der ich ohnehin immer etwas durchhänge, wurde mir noch zusätzlich durch eine heftige Magenverstimmung und Erkältung verdorben. Trotzdem hat mich der Augenblick, in dem sich Anne so sehr über ihren Riesenteddy freute, daß sie mit den Füßen trampelte, für vieles entschädigt. Sie hat ein langes Weihnachtsgedicht aufgesagt, und das regte mich an, selbst auch neun Verse auswendig zu lernen.

Ich hatte in letzter Zeit wieder mehr Gespräche mit Susanna und mit meiner Schwester. Es fällt mir jetzt leichter, meine ganze Traurigkeit in Worten vor ihnen auszubreiten — ich habe endlich welche dafür. Beide machen es mir leicht zu sprechen, und oft habe ich hinterher das Gefühl, wieder ein Stück weitergekommen zu sein. Sie winken nicht ab, wenn ich ihnen von meinen Schuld- und Versäumnisgefühlen gegenüber Frank erzähle, die mir stundenweise das Leben zur Hölle machen können. Sie sind einfach bereit, sich das alles anzuhören, ohne immer gleich beschwichtigen zu wollen. Ich finde es schön, wenn eine von ihnen mir am Telefon sagt, sie habe diese Woche oft an Frank gedacht, oder wenn sie mir die Begebenheiten mit meinem Kind schildern, die ihnen wieder eingefallen sind.

Der Unfall meines Schwagers und seine lange Krankheit haben die Familie meiner Schwester ebenfalls gebeutelt, und wir sind durch unsere negativen Erlebnisse noch fester zusammengewachsen. Mit ihr kann ich auch viel darüber sprechen, welche Gedanken mir in der Therapie über unsere Kindheit kamen. Meine Schwester hat dieselbe »Geschichte« wie ich. Wir stellen fest, daß wir vieles ähnlich empfunden haben und uns doch erst jetzt trauen, offen über das zu sprechen, was uns damals beide quälte.

Wir benennen gemeinsam die Ängste vor der Wut und den Schlägen unseres Vaters, lachen auch manchmal mit Bitterkeit darüber, daß die eine schon vor Angst die Hose naß machte, wenn die andere verhauen wurde, wissend, daß sie auch noch drankäme. Nicht weniger bedrückend erinnern wir die häufig gespannte gefühlsmäßige Situation zwischen den Eltern und deren Streiten am Abend, bei dem wir beide im Bett Zuflucht beieinander suchten.

Wir sprechen auch über manche starren Festlegungen von seiten der Mutter und des Vaters in bezug auf das häusliche Leben und

die religiösen und politischen Anschauungen. Nichts duldete auf diesen Gebieten Widerspruch — der war sowieso verpönt —, alles hatte auf eine vorgegebene Art schön zu sein. Am Ende sagen wir immer: »Vieles war ja auch schön —«, allerdings nicht ohne einen traurigen Seufzer. Wir sehen uns an, lächeln verständnisinnig. »Blut ist eben dicker als Wasser«, sagt meine Schwester.

17. Januar 1985

Trotz neuer, teilweiser Harmonie streiten Heiner und ich oft und heftig. Wir setzen uns *auseinander,* finden Punkte heraus, wo auch wir beide, die doch nach christlichem Verständnis in der Ehe eins sind, uns voneinander abgrenzen müssen, um Eigenes zu wahren, Individualität zu behalten. Heiner konnte das von jeher besser, aber ich lerne es auch. Nach einem heftigen Streit muß ich nicht mehr die gesamte Beziehung verdammen, es ist nicht mehr gleich »alles Mist« — eine Reaktion, die bei meinen Eltern im Streit üblich war. Da ich diese Einstellung übernommen hatte, habe ich immer versucht, Auseinandersetzungen zu vermeiden, und ließ die Sachen damit bis zum schließlich unvermeidlichen Ausbruch eskalieren. Die Folge: Der Streit nahm tatsächlich einen so häßlichen Verlauf, daß ich mich das nächste Mal noch mehr bemühte, dies so lange wie möglich zu vermeiden, weil es mich auf der ganzen Linie leiden ließ. Selbst die bloße Uneinigkeit scheint mir oft unerträglich zu sein.

Jetzt weiß ich, daß ich nicht auf der ganzen Linie leiden *muß.* Ich muß nicht plötzlich alles negieren, nur weil es in einer Angelegenheit einen Streitpunkt gibt. Es gelingt mir besser, bei dieser einen Sache zu bleiben, diese aber auch wirklich erschöpfend auszudiskutieren.

Ich will dabei Heiner seine Andersartigkeit lassen und stelle fest, daß ich im Verlauf der gemeinsamen Jahre vor lauter Bemühen um Annäherung und Einigung vielleicht nahe daran war, zu vergessen, daß uns am Anfang ja gerade die gegensätzlichen Eigenschaften des anderen anzogen und freuten. Beinahe hätte ich jetzt gemeint, an meiner Seite müsse ein anderer Mensch stehen, ohne mit dem, der diesen Platz einnimmt, erst alle sich bietenden Möglichkeiten gefunden zu haben.

Wir waren bei Christian eingeladen, der im Dezember Inga geheiratet hat, deren zweite Ehe das jetzt ist. Die beiden haben eine hübsche, recht verwinkelte Dachgeschoßwohnung in einem uralten Stadthaus, deren Charme sofort ins Auge fällt, auch wenn der Hausstand noch ein wenig zusammendekoriert aussieht. Es war noch ein anderes befreundetes Paar dabei. Wir haben uns gut verstanden, und der Abend war gemütlich. Da die Eheschließungen all dieser lieben Leute noch nicht lange her sind, kamen wir leicht auf die Beziehungskiste zu sprechen.

Als ich die Notwendigkeit der Auseinandersetzung erwähnte, stellte Christian blauäugig die Frage, ob man sich nicht auch *zusammensetzen* könne. Das klang mir zwar zunächst frappierend gut und freundlich, aber dennoch glaube ich daran, daß es notwendig ist, die unterschiedlichen Standpunkte und Prioritäten deutlich zu machen, wenn nötig, eben auch mit einer wirklichen »Auseinandersetzung«, die vielleicht in diesem Punkt die Möglichkeit ausschließt, sich anzunähern. Schließlich ist der Kompromiß nicht immer die beste Lösung. Den anderen dann ohne Ärger, Neid oder Eifersucht seinen Weg gehen zu lassen halte ich für eine Kunst. Heiner und ich haben schon die Früchte solcher ureigenen Exkursionen geerntet, nämlich daß wir uns, erfüllt mit Neuem, beide an anderer Stelle wiedergefunden haben. Ebenso wahr wie die Zeiten des Sich-gegenseitig-Abgrenzens sind die Stunden, in denen wir uns ineinander fallen lassen können. Zur Zeit bringt allerdings der Hausumbau sehr viel Unruhe mit sich, und da meine Gedanken ebenso durcheinandergeraten sind von Ungewohntem, finde ich oft weder außen noch innen einen ruhigen Platz, eine Gedankeninsel. Mir wird klar, daß bei soviel Gefühlsänderungen wenigstens die Möbel ihren Platz haben müssen. Wenn ich mich setze, will ich wissen, daß da auch wirklich das Sofa steht. Die Dinge müssen ihren Platz haben, dann können sich die Angelegenheiten des Lebens ändern. Diese Umbauaktion muß endlich ein Ende haben.

Montag, den 21. Januar 1985

Nach Franks Tod werde ich das Gefühl der teilweisen Haltlosigkeit nicht los. Ich verliere immer mehr das Wissen um »Gut und Böse«. Diese beiden Eckpfeiler meines Seins sind sehr ins Wanken geraten. Ich muß alles neu überdenken. So vieles von dem, was ich lange Jahre als schlecht, undenkbar, böse empfunden habe, finde ich gar nicht mehr verurteilenswert. Aber ebensowenig finde ich das alles noch länger gut, was ich so lange als maßgeblich, erstrebenswert betrachtet habe.

Diese bedrückende Erfahrung manifestiert sich auch für mich in meiner Malerei, wenn ich Grenzen überspringen will. Mein erlerntes Richtigkeitsdenken stellt sich mir hindernd in den Weg. Ich merke, daß dies Richtigkeitsdenken gar nicht *meine* Grenzen sind.

Die Tage, an denen der innere Druck der Vergangenheit mich am meisten quält, sind allerdings auch die, an denen ich den Quälkram hemmungslos in meiner Malerei ausdrücken kann. Klaus hat es nicht leicht mit mir. Er sagt: »Was deine Thematik anbetrifft, so ist das alles befrachtet mit Erlebnissen, auf die eher ein Therapeut, der ich nicht bin, reagieren sollte. Ich kann und will mich nicht mit deinen Seelenzuständen befassen, sondern nur fachliche, handwerkliche Hinweise zur Malerei geben. Geh doch lieber in eine Gestalttherapie. Du solltest überlegen, ob du da nicht besser aufgehoben wärest.«

Ich weiß, daß ich das ganz bestimmt nicht will. Mich schreckt der Gedanke, zwischen ebenso bedrückten oder neurotischen Menschen malen zu sollen, wie ich es vielleicht bin. Ich wollte mich auch nicht mit deren Problematik auseinandersetzen müssen und kann Klaus deshalb verstehen. Trotzdem möchte ich, daß er meine »Fracht« weiterhin erträgt, er braucht sie ja nur auszuhalten, nicht zu tragen. Ich weiß, daß das diesen – zum Glück sensiblen – Menschen schon viel Mühe kostet. Und dann ist da auch noch die Ablehnung der anderen in der Gruppe. Eine der Frauen beklagte sich bei Klaus, meine Malerei belaste sie so, daß sie dabei nicht malen könne. Sie arbeitet jetzt im Nebenraum, wo sie nicht mehr dauernd meine dunkle, häßliche Malerei sieht. Ich versuche, leise weiterzumachen, aber die Bilder werden laut und böse.

Was ist eigentlich das Gute, und was ist das Böse? Wer bestimmt das? Wer bestimmt das bei mir oder für mich? In mir breitet sich eine Ratlosigkeit in bezug auf erlernte Einstellungen und Grundsätze aus. Franks Tod hat mich im ursprünglichsten Sinne aus der Fassung gebracht. Ich fühle mich nicht mehr von den Gedanken gehalten, die mich vorher hielten. Solcherart fassungs-los und ungehalten stehe ich einer neuen Weite gegenüber, die mir aber momentan mehr Angst einflößt, als daß sie mich anregte, drauflos zu rennen.

Ich fühle aber genau: Die Zeit des Vorbetens von Richtlinien für mich ist vorbei, eine Zeit des Öffnens für neue Möglichkeiten hat begonnen. Das heißt, daß ich mir selbst nicht mehr unnütz vorbeten lassen will, aber auch, daß ich meinerseits den anderen, besonders meiner Tochter, nicht die eigenen Möglichkeiten nehmen will.

Dies ist die Sache, die mich mit mir selbst in so viele Konflikte bringt, in meiner Ehe, meinen Beziehungen zu Freunden, meiner Mutterrolle und in meinem Glauben an Gott – ein Gratwandern überall! Der Tod meines Jungen ist für mich – mit allen Folgen – ein Ereignis, vergleichbar einem Stein, den jemand in ruhiges Wasser geworfen hat. Nun fängt es an, sich zu bewegen, zu verändern, es zieht Ringe. Manchmal denke ich: Es muß doch mal aufhören, Ringe zu ziehen – andererseits: Ich mag bewegtes Wasser!

Tagelang bin ich morgens ins Alstertal gegangen und habe die Spiegelungen der Bäume auf dem Wasser oder Eis beobachtet. Ich habe Steine ins Wasser geworfen und die Veränderungen auf der spiegelnden Oberfläche beobachtet. Ich konnte mich kaum davon trennen, nahm schließlich den Fotoapparat mit, warf wieder Steine und fotografierte. Ich brachte täglich auf durchgeweichten Matschwegen etliche Stunden zu und war gefangen von der verregneten Einsamkeit dieser Morgenstunden – bis eine heftige Erkältung der Geschichte ein notwendiges Ende bereitete. Immerhin habe ich einige intensive Anregungen für meine Malerei im Kasten. Das ist auch gerade jetzt wichtig, denn ich habe mich, was die Weißausmischungen und Pastelltöne anbetrifft, total verrannt und mich entschlossen, dieses Thema fallenzulassen. Etwas ungelöst aufzugeben, fällt mir aber immer noch sehr schwer.

Ich hatte in der Malschule ein Gespräch mit Klaus, in welchem ich ihm mitteilte, daß ich den Anschluß zu meinen eigenen Arbei-

ten völlig verloren habe. Er riet mir, alles mitzubringen, aufzuhängen und anzuschauen. Das habe ich getan, eine anstrengende und aufwendige Aktion, die sich aber gelohnt hat. Es war schon toll, alles so nebeneinander zu sehen; kaum zu glauben, daß das alles durch mich entstanden ist. Ich habe mich gefreut, auch darüber, daß Klaus sich viel Zeit für mich genommen hat. Wir haben versucht, herauszufinden, was mir manchmal im Wege steht.

»Du könntest besser arbeiten, wenn du es schafftest, dein Richtigkeitsdenken mal beiseite zu lassen. Du hast während des Malens immer gleich die kritische Kontrolle im Kopf. Man sieht es ganz deutlich an den Skizzen, die viel freier sind. Da ist eine Menge Kraft drin, die du dann aber immer wieder zurücknimmst und nicht zulassen kannst«, sagt er.

Da haben wir's! Ich habe immer zu sehr den Kopf dabei, schaffe es selten, mich fallenzulassen und die Malerei wirklich nur mit dem Gefühl und dem Handwerk über das »Machen« entstehen zu lassen, obwohl ich schon ab und zu erfahren habe, daß das, was dabei herauskommt, echter und besser ist.

Eine Parallele zu diesen Erfahrungen finde ich jetzt auch in dem Buch über den sufischen Weg des Wissens »Ich ging den Weg des Derwisch«. Danach erreicht man Selbstfindung nur über den Umweg der zunächst erfolgten totalen Selbstaufgabe, des Sich-ganz-außer-acht-Lassens. Man müsse zunächst allen eigenen Willen aufgeben und sich völlig in die Hand der höchsten Macht geben, ohne eigenes Wollen. Das deckt sich ganz mit dem, was ich in meiner Kirche höre, und erscheint mir auf einmal zwangfrei und einleuchtend. Es scheint mir auch etwas zu sein, was ich trotz meines intensiven Christseins bis jetzt noch gar nicht richtig begriffen habe.

Bis zu Franks Tod habe ich meine Stärke als ziemlich weitreichend eingeschätzt. Ich hatte verinnerlicht: Ich *kann,* was ich *will!* Diese zeitweilig geradezu größenwahnsinnige Lebenseinstellung hat mich zu dem verhängnisvollen Irrtum geführt, eigentlich doch an allen meinen Belangen drehen zu können – jeder ist seines Glückes Schmied.

Wie grausig und unfaßbar für mich, zu sehen, daß ich an Franks langsamem Sterben nichts ändern konnte. Weder ich konnte das verhindern, noch die Ärzte, noch irgendein Mensch ...

Montag, den 25. Februar 1985

Eine ganze Reihe schlafloser Nächte trotz Baldrian liegen hinter mir. Ich habe mich daran erinnert, daß ich eigentlich, solange ich denken konnte, auch als kleines Kind, nächtelang schlaflos war. Bis ich eiskalte Füße hatte, habe ich damals oft an unserem Dachgaubenfenster gestanden und in die Nacht hinausgedacht.

Was denkt so ein kleines Mädchen nachts allein am Fenster? Schade, ich erinnere die Gedankengänge von damals nicht mehr. Aber ich habe den Ausblick noch genau vor Augen: das eingehakte Fenster, die roten Dachpfannen, die Dachrinne, auf der jeden Sommer an derselben Stelle die Amsel saß und ihr Antwortspiel mit einer in der Ferne spielte. Da waren der Schuttplatz mit den Vogelbeerbäumen und die Teppichstangen auf dem »anderen Hof«, an denen ich so gerne turnte, und schließlich gegenüber die Fenster, von denen eins auch zu später Stunde immer noch beleuchtet war. Ich konnte, weil es dort keine Vorhänge gab, klar hineinsehen. Dort saß jemand mit endlosen Schreibarbeiten – das Klappern der Schreibmaschine drang deutlich durch die Stille.

Und was macht mich neuerdings wieder schlaflos? Zuerst war es sicher eine Erkältung und Fieber – aber eigentlich ist es immer derselbe Grund: Nichts, was mir widerfährt, läßt mich unberührt! Alles muß ich immer in Gedanken herumwälzen, gleichgültig, ob es sich um Positives oder Negatives handelt. So wird es leicht zur Belastung, weil es mich nämlich nicht schlafen läßt.

Anne hat Windpocken. Sie ist sowieso durch die Grippe so geschwächt, die kleine Spitzmaus. Als sie so hohes Fieber hatte, habe ich zwei Tage lang immer nur bei ihr gesessen und ihren Schlaf bewacht! Ich hatte Angst. Seit Franks Tod bin ich in diesen Situationen beunruhigter – soviel kann geschehen.

Obwohl mir aber immer deutlicher wird, wie sehr ich an ihr hänge, will ich ihr nicht zum Klotz am Bein werden, möchte sie lassen können, will sie nicht mit meiner Liebe ersticken.

Ein Brief an einen Vater, der durch ein Unglück seine beiden Söhne während eines gemeinsamen Urlaubs verlor:

12. März 1985

Sehr geehrter Herr Buchmann,
ich nehme Bezug auf unser Telefongespräch Anfang des Jahres, bei dem ich Sie über meine Bemühungen zur Gründung einer Selbsthilfegruppe für »Verwaiste Eltern« informierte. Heute kann ich Ihnen mitteilen, daß wir uns seit Anfang Februar – wie besprochen – einmal wöchentlich bei mir zu Hause zu Gesprächen treffen. Die Gruppe ist noch klein und bildet dadurch eine gute Alternative zu der großen Akademiegruppe. Die private Atmosphäre wirkt sich günstig auf die Intensivität der Gespräche aus. Besonders hilfreich ist die Erfahrung, daß man mit den Gefühlen und Gedanken, die die Eltern nach dem Tod ihrer Kinder belasten, doch nicht allein ist, wie bedrückend oder »außer der Norm« sie einem auch immer erscheinen mögen.

Der Tod eines Kindes und seine Bewältigung stellt uns vor Probleme, die so umfassend sind, daß sie auf alle Lebensbereiche und -situationen eines davon Betroffenen einwirken. Am Grabe des Sohnes oder der Tochter zu stehen ist geradezu ein durchbrochenes Naturgesetz, welches die Eltern möglichst ohne Bitterkeit überstehen, ja überleben möchten. Ein Lebensinhalt ging verloren. Eine Liebe – Mutterliebe, Vaterliebe – hat hier kein Ziel mehr. Oft kann nicht einmal, wie vielleicht erhofft, der Partner als Halt empfunden werden, da er diesen Schicksalsschlag anders aufnimmt, erlebt und damit umgeht. Dadurch werden häufig zusätzlich zu allem Leid auch noch die engsten Beziehungen zu Mitmenschen in Frage gestellt. Angesichts der allgemeinen Unfähigkeit, mit der Konfrontation mit Tod und Sterben umzugehen, fühlen sich viele Betroffene damit gänzlich allein gelassen. Was ihnen begegnet, ist Hilflosigkeit, Ratlosigkeit, Schweigen, sind aber auch die in Gutmeinung ausgesprochenen Patentrezepte, billiger Trost und die Aufforderung, zu vergessen!

Vergessen – sprich: Verdrängen – ist aber keine Bewältigung. Irgendwann muß man doch anfangen, das schreckliche Erleben, den Verlust und die Trauer in sein Leben hineinzunehmen. Das ist jedoch ein langer Weg, auf dem die Gruppe eine wechselseitig helfende und begleitende Funktion haben kann.

Ich werde mitnichten »hilfreiche Referate« halten, kann auch nicht mit dem glänzen, was andernorts als »fundiertes Wissen« bezeichnet wird, sondern will nur Gleichbetroffenen die Möglichkeit bieten, ihr Fühlen auszusprechen; denn das Sichaussprechen ist nach meiner Erfahrung das, was wirklich helfen kann.

Es ist eine traurige Tatsache, daß man den eigenen Tod nur stirbt, mit dem Tod eines geliebten Angehörigen aber leben muß. Dies zu überleben wollen wir einander helfen.

Mit herzlichem Gruß
Leonore Matouschek

Ostermontag, den 8. 4. 85

Ich kann kaum begreifen, daß wir schon seit drei Jahren ohne Frank sind. Der Schrecken seines Todes ist immer noch dicht unter der Oberfläche. Mir ist, als hätte ich seitdem gerade jetzt einmal, ein einziges Mal tief durchgeatmet — als wenn jemand mich drei Jahre lang unter Wasser gedrückt hätte, drei Jahre kopfunter! So lange, da schluckt man schon eine Menge!

Allerdings wird mir immer klarer, daß ich ohne diese Erlebnisse nie so völlig an meine Grenzen gestoßen wäre und kaum die Möglichkeit eines so ganz veränderten, viel bewußteren Neuanfangs gehabt hätte.

Da war der Tod meines Kindes, der Umgang mit dem sterbenden Muttchen, das Waschen der Toten, der Augenblick, in dem die Leiche in den Sarg gehoben wurde, meine grenzenlose Berührtheit, Hilflosigkeit, meine Gefühlsabgründe nach diesem allen, meine totale Lebenshemmung, der Freitodversuch — und schließlich der Nullpunkt vor dem Neubeginn.

Dann die Therapiezeit, die Analyse: die Konfrontation mit meinem Selbst. Endlich jemand, der schlicht zuhört, ohne mir irgendwelche kopflastigen, komplizierten Erklärungen spiritueller oder intellektueller Art über den Sinn der Dinge zu geben. Jemand, der nicht unangenehm berührt, seinerseits das Gesprächsthema wechselt, wenn es bedrückend wird. Ein Mensch, der mir einfühlsam auf die Sprünge hilft, die Kindheitseindrücke zu verarbeiten, überhaupt Verdrängtes wiederzufinden, bis jetzt Unaussprechliches auszusprechen. Einer, der mir hilft, meine eigenen Lösungen zu finden.

Dennoch ist der Schmerz geblieben. Die Zeit heilt Wunden — das kann ich hieran nicht nachvollziehen. Von diesem Loch geht ein Schmerz aus, der jeden Tag massiv da ist; ich beginne, mich an den Schmerz zu gewöhnen. Er vergeht und verändert sich nicht; ich gewöhne mich nur daran, wie man sich vielleicht an eine Behinderung gewöhnt. Berühre ich mit dem Gedanken »Frank ist tot« meine Wunden, so durchfährt mich wieder messerscharf die atemberaubende Qual.

Ich trage schwer an dem Gefühl, daß ich ihn zuwenig so lassen konnte, wie er war, meinen Individualisten. Mit Anne gelingt mir das jetzt, nach allem, viel besser. Könnte ich Frank doch noch etwas von dem vermitteln, was ich nach seinem Tod — durch seinen Tod? — über unser Menschsein gelernt habe! Über das Atmen in unseren Beziehungen, das Abwechseln zwischen symbiotischem Zusammenleben und Individuation.

Mit dem zunehmenden Bewußtsein, daß ich durch seinen Tod so viel gelernt habe, wächst mein schlechtes Gewissen, mein Schuldgefühl, daß dies alles nur sein mußte, damit ich lerne. Nur, damit ich lerne, besser hinzusehen, nicht achtlos vorbeizugehen. Ich versuche, dieses miese Gefühl mit dem Gedanken beiseite zu schieben, daß Frank natürlich deshalb gestorben ist, weil ein Auto ihn anfuhr. Ein irrwitziger Gedanke, mit dem Verstand Gefühle verändern zu wollen.

Mittwoch, den 17. April 1985

Lieber Christian,
es war lieb von Dir, daß Du damals, als Frank starb, wie auch jetzt wieder, an seinem Todestag für uns da warst. Ich habe schon einige Wochen bis gestern in einer dauernd wachsenden Anspannung zugebracht und irgendwie alles noch einmal durchlebt.

Zuletzt habe ich eine ganze Nacht geheult, weil mir die letzten dreißig Stunden bei meinem sterbenden Kind so gegenwärtig waren. Obwohl das alles schon drei Jahre her ist, konnte sich dieselbe lähmende Angst wieder bei mir ausbreiten. Ich glaube nicht, daß sich dieses Verlustgefühl jemals verflüchtigt, fange aber an, damit zu leben, statt es zu verdrängen.

Zu sehen, daß es da und dort jemanden gibt, der auch nicht vergessen hat, tut Heiner und mir sehr wohl — sonst fühlte man sich auch gar zu allein damit, es hilft gegen Bitterkeit. Ich habe mich gefreut, Dich zu sehen. Seid beide — Du und Inga mit meinen lieben Wünschen überschüttet.
Loni

Mittwoch, den 24. April 1985

Heute habe ich versucht, D. telefonisch zu erreichen. Ich dachte, ich hätte mich verwählt, aber beim zweiten Mal sagte mir der fremde Mann, daß D. gar nicht mehr dort wohne! Das war wie ein Schlag für mich. Ich habe die neue Anschrift von der Auskunft erhalten, aber erst, nachdem ich gesagt habe, es handele sich um meinen Therapeuten und ich müsse sie haben. Ich war so erschrokken, weil seine Adresse für mich immer so eine Art Notruf war, sicherer Hintergrund, Möglichkeit, wenn es mir schlechtgeht.

Lieber Herr D.,
umgezogen? — da fragt man sich: Wie hat das der Hausgenosse und Kater verkraftet? Dabei hatte ich mir ein Herz gefaßt, und wollte Sie mal anrufen. Daß Sie nicht erreichbar waren, will ich als Wink nehmen, mich mit meiner neuerlichen Bedrücktheit über das Verhältnis zu meinen Eltern allein auseinanderzusetzen. Diese Sache nagt an mir, obwohl sich nach außen nichts verändert hat — oder *weil* nicht.

Die Lektüre der Alice Miller (»Am Anfang war Erziehung«) hat mich, trotz der vorangegangenen Aufarbeit meiner Kindheit während der Therapie, ziemlich erschüttert. Ich betrachte das ganze Thema von verschiedenen Seiten: als Erzieherin meiner Kinder, als selbst Erzogene, und kann mir nicht zuletzt auch einen Teil der Erziehung meiner Eltern vorstellen.

Vieles im Verhalten meines Vaters uns Kindern gegenüber ist daraus für mich erklärbar — aber meine Versöhnlichkeit hinkt unglaublich hinterher, und diese Spannung belastet mich. Immer noch kann es mich zutiefst ängstigen, wenn mein Vater in seiner absoluten Art auf Familienfeiern seine unantastbaren Meinungen vertritt und sich selbst in Wut steigert, wenn ihm jemand zu widersprechen wagt. Er vergißt dabei dauernd, daß das, was für ihn stimmt, noch lange nicht für jeden anderen stimmig sein muß. Eine eigene Meinung hat er uns Kindern so nie gestattet, und da er uns eintrichterte, er habe immer recht, konnten wir noch nicht einmal lernen, unseren eigenen, dazu oft im Gegensatz stehenden Gefühlen zu trauen. Ja, mich packt wirklich noch heute der Zweifel, ob ich meinen ureigenen Gefühlen trauen kann, weil mir meine Eltern zu lange und weitreichend glaubhaft vermittelt haben, sie wüßten schon, was für mich gut sei, immer. Zu jedem Thema haben sie uns deshalb ihre eigene Einschätzung als das einzig Wahre hingestellt, uns eingepaukt: »Eine Ehe ist nur gut, wenn beide immer dasselbe sehen und erleben wollen, dasselbe zur selben Zeit fühlen. Wenn es anders läuft, *muß* es schlecht sein. Kompromisse und Harmonie, um jeden Preis! Auch um den Preis der Selbstaufgabe. Kinder haben sich erst recht anzupassen. Alle gehen immer gemeinsam los, essen immer gemeinsam. Alle finden dasselbe gut, dasselbe schlecht. Was die eine nicht bekommt, soll die andere auch nicht haben. Pünktlichkeit und Ordnung – denn Ordnung ist das halbe Leben.«

Heute denke ich: Was ist das für ein Leben, in dem eine Sache wie Ordnung die Hälfte meines Seins bestimmen soll? Zuviel Sauberkeit und Pünktlichkeit und Ordnung! Oft genug hindert die erlernte Einstellung dazu meine eigentliche Lebendigkeit, sich Raum zu schaffen. Mit Schaudern denke ich auch an die Wirkung jener Ohrfeige meines Vaters, die ich mir einhandelte, als ich mit vierzehn Jahren wagte, unterschwellig in Frage zu stellen, was er oft betonte.

Ich hatte einen Film über die Judenvernichtung gesehen. Angesichts der ausgemergelten, zu Haufen gestapelten Leichen sagte ich: »Und da gibt es immer noch Leute, die bewundern, daß Hitler die Arbeitslosen von der Straße geholt hat und Autobahnen gebaut hat.« Peng, Ohrfeige, ich wisse davon überhaupt nichts, und nichts berechtige mich zu solcher Äußerung, fertig! Statt Auseinandersetzung ein Schlag ins Gesicht. Keine Erklärung, ich bleibe auf der Strecke mit dem schlechten Gewissen, ihm etwas getan zu haben. Kein Gedanke daran, daß er *mir* etwas getan haben könnte – er hat ja immer recht.

Und wie es schmerzt, langsam erkennen zu müssen, daß seine Meinung nicht immer und allgemeingültig der Wahrheit entsprach, obwohl er das doch sagte! Beeindruckbar, wehrlos und gutgläubig bin ich seinen mächtigen Worten und Gesten gefolgt. Er demonstrierte seine Macht eindrucksvoll.

Heute glaube ich, daß er vor Dingen Angst hat, die er nicht einordnen kann. Dennoch fürchte ich seinen Zorn und die Aggression, mit der er seine einmal – vor langer Zeit – für richtig befundenen Prinzipien verteidigt. Die alte Angst vor seiner Wut hindert mich, in seiner Gegenwart zu sagen und zu sein, was ich wirklich bin und denke. Trotzdem geht es mir gut, lebendig, sicher, unsicher, traurig, liebend, zornig, geschäftig, wach und schlafend – alles gleich viel, rauf und runter.

Was die Selbsthilfegruppe anbetrifft, so habe ich gerade erst mit der Öffentlichkeitsarbeit begonnen. Ich brauchte erst einige Zeit, um zu sehen, ob ich das überhaupt machen und tragen kann. Seit Februar treffen wir uns wöchentlich. Ich werde oft von Bekannten gefragt, ob mich das alles nicht wiederum zu sehr belastet. Die intensiven Gespräche *beschäftigen* mich. Ich wußte nichts über die vielen krebskranken Kinder, die es allein schon in Hamburg gibt, nichts über den Weg, den sie gehen müssen – und ihre Eltern mit ihnen. Ich bekomme eine Ahnung davon, wie es Eltern nach dem Freitod ihres Kindes geht, und lerne andere kennen, die ihr Kind durch einen Unglücksfall verloren haben.

Aufmerksamer lese ich die verschiedenen Unfallstatistiken in den Zeitungen. Die Zahl der Verkehrsopfer innerhalb eines Jahres in der Bundesrepublik reicht nahe an zehntausend heran. So viele Familien, denen nichts übrigbleibt, als dies als gegeben hinzunehmen, ohne die Aussicht, an der Situation im Verkehr etwas ändern zu können. Man könnte höchstens in den Großstädten ein Grabmal errichten: »Für das unbekannte Verkehrsopfer« – für Kranzniederlegungen am Volkstrauertag (verrückte Idee!)

In diesem Jahr habe ich den Todestag meines Sohnes und die Zeit davor in schlechterer Verfassung erlebt als zuvor, vielleicht, weil ich Trauer erstmals zulassen kann.

Beinahe hätte ich meine Malerei aufgegeben. Diese Montage in der Malschule bedeuten mir viel, aber in letzter Zeit hatte ich das Gefühl, damit überhaupt nicht weiterzukommen. Eine »Dokumentation« meiner Arbeiten in Fotos hat mir über den Tiefpunkt hinweggeholfen. Als Kostprobe sende ich Ihnen auch ein paar Abzüge.

Im Augenblick malen wir alle gemeinsam Akt. Unser Modell ist eine Frau mit ansteckender, selbstverständlicher, fröhlich-freier Ausstrahlung. Ich finde es interessant, die unterschiedlichen Reaktionen auf dasselbe Thema in der Gruppe zu erleben. Das ist anders als sonst, wenn wir uns, verteilt in mehreren Räumen, jeder

vor seiner Staffelei, mit völlig unterschiedlichen Arbeiten beschäftigen.
Liebe Grüße, *Ihre Leonore*

Donnerstag, den 25. April 1985

Wenn die Gruppensitzungen der »Verwaisten Eltern« bei uns zu Hause stattfinden, ist Heiner jedesmal dabei. Zuerst hat er nur zugehört, und wir haben hinterher noch lange miteinander gesprochen. Langsam beginnt er jedoch, sich auch am Gruppengespräch zu beteiligen. Er spricht über die Erfahrungen, die er nach Franks Tod mit Arbeitskollegen machte, sagt, daß er eigentlich von niemanden danach gefragt wurde, erzählt von Frank, sagt, daß er kein Foto von seinem Kind ansehen kann, und ist am Schluß so sichtlich erschöpft, daß ich ihm glaube, wenn er sagt, daß er das nächste Mal vielleicht nicht dabeisein möchte. Dann freue ich mich aber, wenn er sich doch wieder zu uns setzt, weil mir diese seltenen Gelegenheiten, etwas über sein Fühlen hören zu können, wichtig sind. Wenn er dabei ist, fällt es auch den vereinzelt teilnehmenden anderen Männern leichter; das Gespräch läuft besser.

Heute abend gab es wegen seiner Abwesenheit tatsächlich zwei Fronten: männliche gegen weibliche Trauerarbeit. Der einzige Mann in der Runde fühlte sich offensichtlich unwohl, gab sich stachelig und unzugänglich. Ich fand das sehr schade und schrieb ihm deshalb gleich danach einen Brief:

Lieber Georg,
eigentlich war es schade, daß Heiner gerade heute bei unserem Gespräch gefehlt hat – die Seiten wären ausgewogener gewesen, und er hätte Dich sicher besser verstanden.

Ich glaube, daß die Verständigung zwischen Männern und Frauen ohnehin eine schwierige Sache ist, was die Gefühle angeht. Auf keinen Fall wollen wir uns hier gegenseitig die Möglichkeiten verkleinern, sie auszudrücken. Manchmal bauen sich da geradezu Mauern zwischen uns auf. Vielleicht tragen aber solche Gesprächsversuche dazu bei, daß das eines Tages für uns alle durchsichtiger wird, daß wir einander mehr lassen können, voneinander nicht immer eine bestimmte Haltung erwarten. Ich habe jedenfalls wieder gelernt.

Es könnte auch sein, daß Du Dich etwas »außen vor« gefühlt hast, weil ich mit Renate viel über ihre Situation in der Therapie spreche. Hoffentlich entdeckst Du aber, daß wir auf diesem Wege auch besonders zu Dir gesprochen haben, daß das für Deine Frau eine Möglichkeit war, sich Dir zu erklären. Am Anfang unserer Begegnungen warst Du ja derjenige, der seine Gefühlssituation nach Tobias' Tod recht deutlich beschreiben konnte.

Daß es jetzt in Eurer Beziehung in einigen Dingen gegenseitige Unstimmigkeiten gibt, scheint mir eine logische Folge dieses bis an die Grenzen der Belastbarkeit gehenden Schicksalsschlages zu sein. Es kann sein, daß man auf einmal gekränkt ist, bloß weil der Partner fernsieht, und nicht bemerkt, daß man sich selbst gerade wieder mal im »Trauerloch« befindet. Oder man steht verständnislos der Tatsache gegenüber, daß er oder sie nicht jede Woche zum Grab gehen will, beziehungsweise ist fassungslos, daß es ihn oder sie so oft dorthin zieht. Du kennst selbst die vielen Momente ungleichen Fühlens zu ungleicher Zeit, die wir vermehrt aushalten müssen, seit unser Kind tot ist. Oft schweigen wir uns darüber aus, denken: Der andere müßte doch ... Das Gefühl des Alleingelassenseins, der Einsamkeit breitet sich zwischen uns aus, dort, wo wir nach dem gemeinsam erlittenen Schicksalsschlag Nähe und gegenseitigen Halt erwartet hatten.

Es gibt, wie Du weißt, Statistiken, die belegen, daß es unter derartigen Bedingungen vielen Paaren so geht, daß ca. 70% der Ehen im Jahr nach dem Unglück vor der Scheidung stehen. Vielleicht liegt es auch daran, daß für beide bisher gültige Grundsätze ins Wanken geraten und jeder für sich beginnt, wirklich alles im Grunde in Frage zu stellen.

Wir brauchen Zeit, um die Tragfähigkeit des Bodens, auf dem wir stehen, neu auszumachen, Zeit und Mut, einander zu sagen, wie es wirklich in uns aussieht.

Ich weiß nicht, ich schick's mal so ab.

Liebe Grüße, *Loni*

2. Mai 1985

Ich hatte heute Gelegenheit, längere Zeit mit Annes Lehrerin zu sprechen. Die Kleine mußte morgens zum Zahnarzt, sie hat dauernd Schwierigkeiten mit ihren Zähnen. Es war mir, als würde er die Wurzelbehandlung bei mir machen, so habe ich mitgelitten. Anne ist aber recht stabil und konnte hinterher sogar noch zur Schule gehen.

Ich brachte sie in die Klasse, wo sie mit einem »Na, Annchen« von ihrer Lehrerin begrüßt wurde, wie es nicht herzlicher sein kann. Mit dieser Frau verbindet mich viel gegenseitige Sympathie, ich mag ihre Lebendigkeit.

Sie erzählte mir von der ihr bevorstehenden Trennung von ihrem Mann, und so kamen wir auf das Thema Trennung überhaupt zu sprechen. Ihre Offenheit freute mich sehr. Ich empfand den Gedankenaustausch mit ihr als Geschenk.

7. Mai 1985

Ich frage mich, wie es kommen konnte, daß wir alle das Thema Tod und Sterben so auf der ganzen Linie tabuisieren, obgleich jeder von uns damit Berührung hat und diese Vogel-Strauß-Politik albern ist – angesichts der Tatsache, daß jeder von uns sterblich ist. Man könnte doch die Probleme, die man mit diesen Gedanken hat, miteinander besprechen, anstatt sie mit dem Ruf, das sei schwarzseherisch, unter den Teppich zu kehren.

Sich jedoch damit zu befassen wird bereits den Kindern, denen besonders!, verboten. Entfliegt ihnen der Kanarienvogel oder stirbt der geliebte kleine Hamster, so wird ihnen auf der Stelle Ersatz beschafft, damit nur ja die Trauerphase nicht zu lange dauert und unbequem zu beantwortende Fragen gar nicht erst aufkommen. Wie sollen sie je etwas über dieses mysteriöse Totsein erfahren, wie lernen, mit ihren Gefühlen nach solchen Erfahrungen umzugehen?

Gemeinsam mit Anne beobachtete ich an der Bushaltestelle eine Kindergartengruppe. Die Kinder standen um einen Blumenkasten herum, in dem sie eine tote Taube entdeckt hatten. Erschüttert und schweigend sahen sie sich zuerst das tödlich verletzte Tier an – dann rief eines der Kinder die Kindergärtnerin heran. Deren Reaktion: Sie sah die Taube und zerrte mit einem angeekelten »Igitt!« die Kinder vom Ort des Geschehens weg, beides in einem Augenblick. Es wäre doch zumindest möglich gewesen, den Kindern eine Weile ihre Nachdenklichkeit zu lassen, vielleicht sogar ihre Fragen anzuhören ...

Schnell wird ihnen ein Eis gekauft, die gerade aufgekommene Stimmung, die doch auch ihre Berechtigung hat, vertrieben. Das Leben ist doch so schön! Das wird ihnen auch in Zukunft bei ähnlichen Anlässen mahnend ins Gedächtnis gerufen. Denke positiv, immer – komme, was da wolle!

Es wird ihnen später auch gesagt werden: Geh jetzt nicht mehr zum Opa ins Krankenhaus! Da er im Sterben liegt, hat er sich so verändert. Das ist gar nicht mehr dein Opa.

Doch, es ist dein Opa, und dieses Sterben gehört zu ihm. Es ist ein Teil seines Lebens und ebenso wahr wie die Tatsache, daß er einmal ein junger Mann war. Wie würdest du dich fühlen, wenn in dieser Phase zu dir jemand sagte: Das bist du ja gar nicht mehr.

Ich erinnere mich gut an Annes Reaktionen, als ihre Oma bei uns starb. Sie hat gesehen, wie wir uns viele Tage lang so sehr um die Sterbende bemühten, was wir alles aufstellten, um es ihr noch einmal schön zu machen. Ein Tonbandgerät mit ihren Lieblingsliedern, ihre Lieblingsspeisen, und immer saß jemand bei ihr, oft auch meine kleine Tochter.

Nachdem die Oma gestorben war und wir sie neu gebettet hatten, fragte ich Anne, ob sie in das Zimmer kommen wolle. Sie nahm meine Hand und betrat mir einer Mischung aus Zaghaftigkeit und Neugier den Raum. Instinktiv machte sie sich in der Tür klein, ging bei dem Anblick der Toten in die Hocke und betrachtete sie still und staunend. Ich sagte, sie dürfe sie auch berühren. Anne faßte nach Muttchens Händen und sah ihr aus der Nähe ins Gesicht. Sie sagte: »Oma sieht ein bißchen komisch aus«, und ich sagte: »Das ist wahr.« Ich hatte das Gefühl, daß sich hier etwas vollkommen Normales und Einfaches vollzog, auf keinen Fall etwas, was man vor Kindern verbergen müsse. Ohne diese Anteilnahme an Omas Tod wären ihr wahrscheinlich alle unsere darauffolgenden Regungen unverständlicher geblieben.

Andererseits wird sich das Erlebnis bei ihr einprägen. Totsein wird Anne in der Zukunft nicht völlig unbekannt sein. An Franks Sterbebett war ich zeitweise nicht zuletzt deshalb so panisch, weil ich noch nie einen Toten gesehen hatte. Heiner ging es in dieser Hinsicht anders. Er hatte als Kind das Sterben seiner Großmutter erlebt und konnte mir davon erzählen. Er fand an diesem Kindheitserlebnis nichts außerordentlich Bedrückendes, erinnerte sich eher an die Erleichterung in der Familie, daß die Oma nicht mehr leiden mußte.

So war es für mich auch keine Frage, ob ich Anne mit zur Beerdigung nehmen solle. Es war doch wichtig für sie, zu erfahren, daß man solche traurigen Erlebnisse nicht ganz allein bestehen muß, und zu sehen, was nach dem Tod eines Menschen hierzulande weiter geschieht. Da sie den Tod ihres Bruders miterleben mußte, sollte ihr auch das, was damit zusammenhängt, nicht unbekannt und mysteriös bleiben. Sie *wollte* auch mehr wissen und stellte uns viele Fragen.

Nachdem nun einige Jahre vergangen sind, macht sie sich immer noch mal neue Gedanken darüber. Kürzlich sagte sie nachdenklich zu mir: »Mama, wir hätten Frank nicht verbrennen sollen, als er gestorben war. Wir hätten ihn behalten sollen.«

»Aber was hätten wir mit dem Toten machen sollen?«

»Wir hätten ihn uns an die Wand hängen können. Dann könnten wir ihn immer anfassen und brauchten auch nicht das Foto da.«

Anne war mit dieser Vorstellung so beharrlich, daß ich ihr genau erklären mußte, daß und warum dies nicht geht. Ich kam nicht darum herum, ihr zu sagen, daß totes Fleisch verfällt, vergammelt und schnell anfängt ganz unerträglich schlecht zu riechen.

Es war sehr schwierig für mich, aber für diese Kleine ist ja auch alles so unbegreiflich und schwierig – ich muß ihr zumindest das sagen, was ich darüber weiß.

Donnerstag, den 9. Mai 85

Leserbrief an die Tageszeitung, Bezug nehmend auf einen Artikel über den Umgang mit Trauernden

Durch Ihren Beitrag über Trauernde im »Journal« fühle ich mich veranlaßt, über die Gründe zur Bildung einer Selbsthilfegruppe für »Verwaiste Eltern« zu berichten, die noch offen ist für weitere leidtragende Eltern.

Ich bin selbst betroffen: Vor drei Jahren wurde unser damals sechsjähriger Sohn Frank bei einem Verkehrsunfall so schwer verletzt, daß er nach 14 Tagen auf der Intensivstation starb. In der schweren Zeit danach habe ich erfahren, daß Nichtbetroffene den ungeheuren Schmerz, die Ohnmacht, das Verlustgefühl und auch die Schuldgefühle kaum länger als einige Wochen nachvollziehen konnten. Danach hatte man möglichst – genau wie sie selbst – damit fertig zu werden. Es herrschte betretenes Schweigen, oder es erfolgte ein möglichst schnelles Übergehen zu positiveren Themen, wenn ich danach noch wagte, über das zu sprechen, was mir Tag für Tag gegenwärtig war und ist: der Tod meines Kindes. Manchmal boten mir Bekannte warmherzig an, ich könne mal vorbeikommen, wenn ich jemanden zum Reden brauchte. Ich nahm an und ging hin, weil ich das Gefühl hatte, ich säße allein im dunklen Loch. Die ersten Sätze von mir wurden mit gesenktem Kopf schweigend ertragen. Dann wurde mir, meist erst zögernd, aber danach um so deutlicher, gesagt, was ihre Meinung dazu war: Ich solle nicht so in Selbstmitleid zerfließen, dürfe mich nicht so hängenlassen. Ich dürfe dem Unglücksfahrer nichts nachtragen, der trüge ohnehin schon schwer genug an der »Sache«. Ich solle mich nicht so in mein Leid vergraben und endlich begreifen, daß das Leben weitergehe! Froh und dankbar solle ich sein, daß ich meinen Mann und die kleine Tochter habe, ja, ich hätte geradezu die Verpflichtung, positiv zu denken; denn sonst würde ich auch noch für diese Lieben zur Belastung. So, Kopf hoch, für Abwechslung sorgen! Jetzt heißt es vergessen! Tu etwas, was dir Spaß macht! Du malst doch so gerne ...

Nachdem ich ein paarmal solche »Kopfwäschen« ertragen hatte, habe ich aufgehört zu versuchen, meinen Quälkram jemandem anzuvertrauen. Meine Verzweiflung ist dadurch gewachsen; ich habe mich zeitweise sehr einsam gefühlt. Ich habe regelrecht den Mut zur Trauer verloren, habe trotz der inneren Verkrampfung versucht, das allseits verlangte Keep-smiling an den Tag zu legen.

Sollte es nicht aber ein verbürgtes Recht aller Leidenden sein, sich in Leid genauso »hineinhängen« zu lassen wie in Freude? Sind wir immer nur bereit, den anderen in seinen guten Phasen anzunehmen? Schaffen wir es nicht, dem Trauernden einfach zuzuhören; müssen wir ihm immer Patentrezepte für Gewaltkuren zur Verdrängung seines Leids geben? Können wir es nicht ertragen, ihm nichts sagen zu können, außer: Ich höre dir zu? Absichtlich schließe ich mich mit ein in dieses »wir«; denn ich habe vor Franks Tod oft genug meine Unfähigkeit verspürt, einem Trauernden zu begegnen.

Unser Land, das scheinbar nur von Tüchtigen, von starken Menschen bewohnt ist, und in dem Tüchtigkeit wieder *verlangt* wird, braucht auch jemanden, der sich mit denen einläßt, die umständehalber den Kopf hängenlassen müssen, weil die Seelenkämpfe alle Kraft beanspruchen. Nicht jeder von ihnen mag den Weg zum Psychologen gehen; manchem fehlt es am Finanziellen, um solche Hilfe annehmen zu können. Wir wollen uns nicht »abfinden«, etwas »abhaken«, sondern es kann nur darum gehen – und es ist notwendig –, daß wir uns *hineinfinden*.

Mit freundlichem Gruß
Name, Anschrift

12. Mai 1985

Lieber Herr Bern,
lange ließ ich nichts von mir hören. Es liegt daran, daß ich von meinen verschiedenen Versuchen in Anspruch genommen bin, mein verändertes Leben nach Franks Tod besser zu begreifen. Eine Analyse- und Therapiezeit intensivster Arbeit liegt nun schon eine Weile hinter mir – mit mir geht es wohl nicht anders als intensiv. Ich hatte das Gefühl, daß das harte Arbeit ist, sich so mit sich selbst herumzuschlagen, sich selbst genau anzusehen. Zweimal hätte ich fast alles hingeschmissen!

Ich weiß aber, daß ich an dem Ganzen gewachsen bin. Es brachte auch mit sich, daß wir beide, mein Mann und ich, unsere gesamte Beziehung neu überdenken mußten. Das war eine harte Zeit, in der mein Mann mir überwiegend mit Geduld zur Seite gestanden hat. Am Ende hing er selbst schließlich eine ganze Weile durch, aber jetzt lichtet es sich langsam.

Im Juli vergangenen Jahres habe ich mich so weit stabilisiert gefühlt, daß ich die Therapie beenden konnte. Ich wollte auch auf keinen Fall, daß mir mein Therapeut so sehr zur Droge wird. Jetzt schaffe ich es wirklich besser, dem Verhalten der anderen, wie auch meinem eigenen, mehr Verständnis einzuräumen. Das wirkt sich auch heilend auf unsere recht angeschlagene Ehe aus. Neuerdings schaffen wir es, Dinge zu tun, die wir schon immer tun wollten, sehen alles im neuen Licht. Ich sehe klarer, was ich will und was nicht, habe eher Mut, es zu sagen.

Inzwischen sitze ich in Selbsthilfegruppen mit anderen Eltern zusammen, deren Kind starb, fühle mich auch mit dieser Erfahrung nicht mehr allein und finde Möglichkeiten, darüber zu sprechen, ohne die üblichen betretenen Reaktionen zu diesem Thema auszulösen. Es hat sich schon herausgestellt, daß die Arbeit, die diese Gruppen leisten können, sehr sinnvoll ist.

Zu alledem habe ich begonnen, das, was mit mir nach dem Tod meines Kindes geschah, in einem »Buch« zu beschreiben, das – wenn es gedruckt werden sollte – nicht ohne Botschaft für andere davon Betroffene sein wird: Ich möchte ihnen Mut machen, ihre bedrückenden Gefühle auszuleben und zuzulassen.

Unsere kleine Tochter ist ein Schulmädchen geworden. Gestern sagte sie mir überschwenglich, daß die Schule ihr Schönstes sei. Vier Stunden kämen ihr dort nur wie fünf Minuten vor. Manchmal sieht sie es aber realistischer, wenn man sie fragt, wie sie die Schule fände: Gut und schlecht! Recht hat sie! Immer gehört ja beides zum Leben.

In herzlicher Liebe zu Ihnen beiden im besonderen wie zum Leben im allgemeinen
Ihre Leonore Matouschek

Frankfurt, den 16. Mai 1985

Liebe Frau Matouschek,
vielen Dank für Ihren Brief, der mich zum Teil wieder bestürzte, wie vieles in Ihren Briefen der letzten Jahre. In Ihrem Fall konnte die Psychoanalyse sicher nützlich sein, und es ist auch gut, daß Sie mit Menschen zusammenkommen, die Ähnliches wie Sie erlebten. Das Foto von Frank, welches Sie mitschickten, anbei zurück – wir haben schon ein ähnliches.

Alles war und ist noch heute furchtbar, aber ich verstehe nicht, warum Sie Ihren Schmerz derart konservieren, anstatt die »freigewordene« Liebe nun doppelt Ihrer Tochter zukommen zu lassen. Natürlich können wir nicht mitreden, da wir mit keinem unserer Kinder und Enkelkinder so etwas erlebten. Aber glauben Sie mir, daß ich im Dritten Reich Furchtbares und auch schreckliches Leid erlebte. Ich verlor viele Freunde und Verwandte im KZ, was zwar anders als ein Kind ist, aber auch sehr schmerzt. Ein kerngesundes Patenkind von mir wurde in Auschwitz vergast.

Da ich mehr Abstand zu den Dingen habe, möchte ich Ihnen sagen, daß Sie sich nicht so in Ihr Leid vergraben dürfen. Es müßte doch allmählich wieder eine gewisse Ausgeglichenheit einkehren. Ich fand, Ihre Urlaubskarte klang viel lebensbejahender! Von Ihrem Mann schreiben Sie so wenig.

Es belastet mich sehr, daß ich Ihnen nicht helfen kann. Ich will versuchen, mich in Sie hineinzudenken.
Ihr alter P. Bern

Pfingsten 1985

So schönes Wetter! In totaler Diskrepanz zu meinem Innersten. Seit Tagen geht es mir mies, mies, mies. Die Wut hat mich fest im Griff, macht mich sprachlos. Wut, die von Enttäuschung kommt.

Dienstag, den 28. Mai 1985

Meine Spannung hat sich durch die zwei schönen Tage doch etwas gelöst. Heiner, Anne und ich, das reicht mir im Augenblick zur Entspannung, ist beruhigend und harmonisch. Ich kann auch über Christian wieder etwas freundlicher denken, obwohl mich nachts starke Rückenschmerzen plagen, die alten psychosomatischen Symptome nach Ärger.

Daß er gewagt hat, mir zu sagen, Trauer sei nichts anderes als Selbstmitleid, hat mich sehr enttäuscht und verletzt. Mistkerl! Diese kopflastige, aber locker und selbstverständlich ausgesprochene »Erklärung« zum Thema Trauer ließ mich wortlos schlucken. Der Stich ging tief. Warum spricht er eine solche Formel unreflektiert mir gegenüber aus? Von Christian trifft mich das besonders, weil ich ihn gern habe. Ich komme dahinter, daß uns sowieso nur Leute verletzen können, deren Wort uns etwas gilt.

Einige Tage später war ich in der Lage, am Telefon mit ihm darüber zu sprechen. Ich habe versucht zu erklären, daß Trauer eine Reaktion auf den Schmerz ist, der von einer Wunde ausgeht. Außen bin ich allerdings heil: Es fließt kein Blut. Wenn ich trotzdem immer noch weine und Traurigkeit mich überfällt, so nimmt man mir das nicht so leicht ab, wie jemandem, dem ein Bein abgerissen wurde. Das Wort Selbstmitleid fällt dann nicht so schnell. Ich hatte einen schrecklichen, lebensverändernden »Unfall« und wünsche mir, daß ich so lange »behandelt« werde, bis ich fähig bin, allein damit zurechtzukommen. Die Rehabilitation nach schweren Unfällen dauert oft lange. Trauer ist Rehabilitationszeit.

Samstag, den 15. Juni 85

Heiner geht es schlecht. Ich frage mich, wie er es schafft, trotzdem täglich zwölf Stunden zu arbeiten, fünf Wochen lang, wegen der Kontroll- und Überholungsarbeiten, die im Kernkraftwerk jedes Jahr im Sommer durchgeführt werden. Ihm ist neuerdings oft schwindlig, und er hört im Kopf einen Dauerton, der ihm besonders in seinen Ruhezeiten zu schaffen macht. Wir haben Angst, denken an Mutters Hirntumor ... Da hängt eine Bedrohung wie ein Damoklesschwert über uns.

Über Christians abgehobenen Ausspruch war ich lange verstimmt, habe das auch in die Selbsthilfegruppe hineingetragen. Es hat mir geholfen, zu sehen, daß die anderen diesen Vorwurf, Trauer sei nichts anderes als Selbstmitleid, gengauso betroffen und berührt hingenommen haben. Die Verletzung war dieselbe wie meine; sie haben alle lange drüber nachgedacht.

Manchmal denke ich, daß zwischen Christian und mir Welten liegen, daß ich mit meinen Gefühlen diesen Kopfmenschen nie erreichen werde. Ich stehe da, inmitten meiner Berge ungelöster und subjektiver Gefühle, die selten durch meinen Kopf beeinflußbar sind. Weit weg, auf einem anderen Stern, Christian inmitten seiner festen Prinzipien und seines, ebenso subjektiven, Falsch- und Richtigkeitsdenkens. Einer, der überwiegend denkt; eine, die überwiegend fühlt, vielleicht einander für immer unerreichbar: bei aller Liebe, ich muß es so hinnehmen.

Freitag, 9. August 1985

Urlaub ist ... ziemlich viele Touristen am Ossiacher See. Ich fand das zunächst unerträglich, hatte mich doch so auf diese Gegend gefreut, an die ich lauter gute, aber eben fünfzehn Jahre alte, Erinnerungen hege.

Jetzt haben wir aber Stellen wiedergefunden, wo man nur wenig Leute trifft. Wahnsinniger Duft auf grünen Wiesen. Der See ist so sauber, daß man das Wasser trinken könnte, es riecht unvergleichlich gut. Da gibt es eine Ringkanalisation, die gewährleistet, daß absolut keine Abwässer eingeleitet werden. Ein See für mich zum Schwimmen – in meinem nächsten Leben werde ich Amphibie.

Ich habe einen Kaiserschmarrn gegessen, der alte, schöne Kindheitserinnerungen geweckt hat, phantastisch: mit viel Vanille, Rosinen und Pflaumenkompott.

Schade, daß wir uns auf der Herfahrt gestritten haben; der Eindruck davon bleibt wohl bei uns eine Weile haften. Ich mag nichts davon aufschreiben, schäme mich auch. Mein entnervendes Hoch-Tief! Ich kann es aber nicht abstellen; meine Gefühle rasen eben immer wie eine Achterbahn rauf und runter. Immerhin kann ich damit einigermaßen zurechtkommen; für Heiner und Anne ist das manchmal schwer. Gut, daß wir uns alle drei lieben, so geht's.

Heiner ist sehr schlapp, nach dem ganzen Arztgerenne der letzten Zeit. Die Schädeltomographie hat zum Glück keinen Befund ergeben – aber an seinen Symptomen hat sich nichts geändert. Die Ärzte deuteten an, daß es sich vielleicht doch mehr um psychosomatische Beschwerden handelt. Der Quälkram der letzten drei Jahre ist eben noch nicht beendet, hinterläßt weitere Spuren.

Im Urlaub spüren wir Franks Fehlen immer auf eine besonders deutliche Art. Hier hätte er doch ...

22. August 1985

Letzter Urlaubstag. Ich habe es tatsächlich geschafft, die ganze Zeit über faul zu sein. Dabei habe ich ganz und gar abgeschaltet, auf Normalnull zurückgedreht, an nichts gedacht, nur die Sonne genossen und innere Ruhe einkehren lassen.

Trotz der wenigen Unternehmungen haben wir viel Eindrucksvolles erlebt, es ist uns sozusagen zugeflogen. Oben auf der Gerlitzenalm waren Drachenflieger. So was wollte ich schon lange mal ganz dicht miterleben. Anne war auch begeistert. Der Start war bei jedem Flieger aufregend. Obwohl uns dort oben der Wind eiskalt um die Ohren blies, haben wir lange zugesehen.

Abends kamen wir an einem Riesenfestzelt vorbei. Wir haben reingeschaut, und es war schön zu sehen, daß die Leut', die da in ihren Lederhosen geplattelt haben, ganz offensichtlich selbst solchen Spaß daran hatten. Wir saßen im kerzenerleuchteten Biergarten, hörten einem Zitherspieler zu, aßen Germknödel, Kaiserschmarrn oder Brettljausen und bestaunten regelmäßig den nächtlichen Sternenhimmel.

Ich habe mir den Traum von einer echten Salzburger Tracht erfüllt, was mich den gesamten Inhalt meines Portemonnaies kostete, aber wenn ich es anhabe, fühle ich mich, als sei ich gerade einem Märchen entstiegen.

Abgesehen von der einzigartigen Leistung, durch den See bis ans gegenüberliegende Ufer und wieder zurückzuschwimmen, ruhten unsere Aktivitäten gänzlich – wir streckten unsere Fühler einfach in den Sommer, und das war uns genug.

Die belastenden Gedanken an Franks Tod habe ich für diese Zeit ein wenig beiseite schieben können. Es scheint mir ein Zeichen von wachsender Seelengesundheit zu sein, daß meine Bereitschaft, ab und zu etwas zu verdrängen, wieder gestiegen ist.

Oktober 1985

Lange habe ich nicht mehr in mein Tagebuch geschrieben; denn wenn es mir gutgeht, brauche ich das Schreiben nicht so sehr als Ventil. Es mag daran liegen, daß man Freude jederzeit jedem mitteilen kann, ohne Ängste vor den Reaktionen. Mit der Traurigkeit ist das ganz anders. Manchmal entsteht diese merkwürdige, schweigsam gespannte Stimmung, wenn ich im Freundeskreis über mein totes Kind spreche. Es verwirrt mich immer, daß das bei mir ein Gefühl hinterläßt, als habe ich ihnen etwas Ungutes angetan – damit, daß ich auf dieses Thema zu sprechen kam. Die Stille nach dem Reizwort »Frank« ist mir peinlich, ich fühle mich, als hätte ich ihnen alles verdorben. Es passiert mir aber immer wieder. Jemand sagte anläßlich einer solchen Situation sogar mal: »Du enttäuschst mich! Du warst doch immer so lebenslustig und fröhlich. Ein so lebensbejahender Mensch muß doch vergessen und nach vorne sehen können!«

Eine solche Bemerkung erschüttert mich so, daß ich beim nächsten Mal lieber versuche, den Mund zu halten. Manchmal denke ich: Wenn die oder der mit soviel Unverständnis auf mich reagieren, kann ich auf sie verzichten, auch wenn ich sie meinerseits – gern habe – oder käme ich mir dann, gerade wegen dieser Zuneigung zu ihnen, verlassen vor?

Ich habe sie enttäuscht, sie haben mich enttäuscht – auf irgendeine Weise sind wir vielleicht alle wechselseitig voneinander enttäuscht. Ich spüre, daß wir alle deshalb immer weniger bereit sind, uns Einblick ineinander zu gewähren. Wir haben die Erfahrung gemacht, daß unser Fühlen von den anderen nicht geteilt wurde, fühlen uns darin unverstanden, unangenommen.

Ich stelle auch fest, daß ich mich lieber abgrenze, als das Wagnis einer Konfrontation verschiedener Anschauungen einzugehen. Die Freunde sind mir wert und interessant wegen ihrer Andersartigkeit, und dennoch sitzen wir, zu oft Belangloses redend, nebeneinander, voller Vorsicht, die auf jeden Fall unverfänglichen Themen zu verlassen. Die Möglichkeit zu verletzen wird dadurch zwar weitgehend ausgeschlossen, aber auch die Möglichkeit, von dem Zusammensein etwas mit nach Hause zu nehmen, was in die Tiefe geht. Bei mir breitet sich nach solchen Abenden manchmal ein gewisses Verlassenheitsgefühl aus, das Gefühl, nicht wirklich mit jemandem gesprochen zu haben. Ich habe Angst, daß sich dieser Zustand mit zunehmenden Alter aller Beteiligten noch verschärft, Angst vor der Einsamkeit des Alters. Werden wir einander innerlich verlassen, obwohl wir uns lieben?

Ich bin schon wieder mehrere Nächte schlaflos. Dieses stundenlange nächtliche Herumwälzen, dieses Sich-mit-mir-selbst-Herumschlagen erschöpft mich. Ich hatte einen eigenartigen Traum, der mich schweißnaß erwachen ließ.

In diesem Traum saß ich in einer weiterbildenden Schule für Erwachsene. Da ich in letzter Minute angekommen war, mußte ich mich auf den einzigen, noch freien Platz in der ersten Reihe setzen. Eine Lehrerin betrat die Klasse und sagte, zu Beginn sollten wir uns alle selbst einen »Schulnamen« geben, einen Namen, der für uns bezeichnend sei. Als ich an der Reihe war, fühlte ich mich panisch, sagte, ich weiß nicht, stotterte herum. Die Lehrerin drängte mich streng, meinen Namen zu nennen, damit wir endlich weiterkämen. Unter unglaublichem Druck brachte ich »Farbe und Verletzbarkeit« hervor. Auf ihr Erstaunen hin wollte ich noch schnell korrigierend »Fröhlichkeit« sagen, doch da erwachte ich.

Der Traum schildert in frappierender Einfachheit meine derzeitige Lebenssituation. Es erstaunt mich nicht, daß ich mich auch im Traum erst sozusagen in letzter Minute in der Gemeinschaft der Erwachsenen einfinde.

Viel lieber möchte ich auch, daß mein Name »Fröhlichkeit« sei, der Name, der in meinem bisherigen Leben von mir gefordert und gelebt wurde. Aber ich fühle, daß er nicht mehr wirklich meinem Wesen entspricht, mich immer zuviel Kraft kostet. Der Druck, unter dem ich im Traum stehe, zwingt mich zur Wahrheit, denn unter Druck kann ich keine Zuflucht in einer kompliziert erdachten Lüge finden; keine Zeit zum Nachdenken, die Wahrheit muß heraus. Und in Wahrheit steht hinter aller Fröhlichkeit mein wirklicher Name: »Farbe und Verletzbarkeit«.

Ich frage mich, wie es wohl mit Frank geworden wäre. Hätte er auch so grübeln müssen? Hätte er schlaflose Nächte gehabt wie ich? Ist er vor etwas bewahrt worden – wie es manchmal Kirchenleute zu mir sagen: Wer weiß, vor welchen schlimmen Lebenssituationen Gott ihn bewahren wollte und deshalb von dieser Welt nahm? – Oder ist er ganz einfach um eine Menge Leben mit Hoch-Tief betrogen worden? Liegt überhaupt ein Sinn in der Tatsache, daß mein Kind ein Opfer des Großstadtverkehrs wurde?

Wenn ich gefragt werde, wie ich heute über den Unglücksfahrer denke, antworte ich meist nur mit Achselzucken. Ich habe tatsächlich keine besondere Wut auf ihn. Allerdings fiel mir kürzlich zu dem Wort »Rache« etwas ein. Ich stellte mir vor, daß es ein Gesetz gäbe, nach welchem jeder, dem ein naher Angehöriger im Straßenverkehr getötet wird, das Recht hat, straffrei den Unglücksfahrer umzubringen. Selbst wenn nur wenige davon Gebrauch machten, die Leute würden schön vorsichtig fahren, dachte ich etwas hämisch. Solche Gedanken glimmen bei mir selten auf, und ich kann sie sofort mit einem Eimer »Vernunftwasser« von oben löschen.

7. November 1985

Lieber P. Bern,
da ich Zeit habe, schreibe ich wieder einen Brief, obwohl ich weiß, daß er nur mangelhaft ein Gespräch ersetzen kann.

Ihr letzter Brief klang streng in meinen Ohren. Daß Sie zu vielen Dingen des Lebens mehr Abstand haben, kann auch eine Gefahr sein: Vielleicht haben Sie zuviel Abstand? Zu Freunden, als solche haben wir einander bezeichnet, darf man wohl auch ehrlich sein.

Natürlich können Sie nichts über meine zunächst neurotisch funktionierenden Verdrängungsmechanismen nach dem Tod meines Kindes wissen. Ich wußte selbst nichts darüber. Das hat mich damals zu dem Schritt bewogen, den Sie mir verübeln. Heute schreibe ich Ihnen dazu einen Satz von Montaigne auf, den ich auf dem Einband eines Buches von Alice Miller fand: »Ich kann mir keinen Zustand denken, der mir unerträglicher und schauerlicher wäre, als bei lebendiger und schmerzerfüllter Seele der Fähigkeit beraubt zu sein, ihr Ausdruck zu verleihen.«

Mit dieser Aussage ist haargenau der Zustand beschrieben, in welchem ich mich nach Franks Tod befand. Kennen sie ihn nicht vielleicht auch? Ihr Bericht über die Freunde und Verwandten, die Sie im KZ verloren haben, hat mich erschüttert. Was war das bloß für eine Zeit? – frage ich mich oft mit meinem Mann, wenn wir an die Angehörigen der vielen getöteten Frauen, Männer und Kinder denken und das in Beziehung setzen zu dem, was uns geschah.

Sie konnten damit anders umgehen, als ich mit dem Tod meines Sohnes. Ich glaube nicht, daß man sagen kann: Diese Haltung ist falsch, die andere richtig. Mir beweist das bloß, daß jeder Betroffene damit anders umgeht.

Sie drücken Ihr Unverständnis für meine persönliche Trauerarbeit offen aus, doch müssen Sie mir glauben, daß ich nicht geneigt bin, meinen Schmerz zu konservieren! So paradox es Ihnen auch klingen mag: Bin ich nicht auch *mit* meiner Traurigkeit ein lebensbejahender Mensch? Ich bejahe das Leben, nämlich sowohl in seinen himmelhoch jauchzenden als auch mit seinen zu Tode betrübten Zeiten! Die Kraft dazu wurde durch die analytische Arbeit innerhalb meiner Gesprächstherapie freigelegt und erneuert.

Vielen Dank, daß Sie mir das Buch schickten; die Geschichte des »Hiob« habe ich gern gelesen, und mein Mann auch. Es geht ihm in letzter Zeit nicht so gut. Er leidet unter einem nervenden Dauerton im Kopf, gegen den nichts zu machen ist. Das haben neuerdings viele Leute; die neue Krankheit hat auch schon einen Namen: Tinnitus. Es ist blöd, aber gottlob quält es meinen Mann nicht zu sehr, und unsere anfänglichen Ängste haben sich etwas gelegt. Er beschäftigt sich jetzt im Winter, da es mit dem Segeln auf der Alster nichts mehr ist, viel mit Computern, ohne die ja wohl bald nichts mehr geht.

Und wie geht es Ihnen? Sie unterschrieben Ihren letzten Brief mit: Ihr *alter* P. Bern. Bei aller Kraft und Bestimmtheit, die Sie ausstrahlen, diese sensible, etwas traurig klingende Unterschrift? Ich wüßte gern, welche Gedanken Sie haben, wenn Ihnen bewußt ist, daß Sie mehr als die Hälfte Ihres Lebens hinter sich haben.

Ich kann mir von Ihnen nicht vorstellen, daß Sie das immer cool beiseite schieben. Was erhält Ihnen die Freude? Doch bestimmt nicht allein Ihre vielen Unternehmungen, Theater, Reisen – manchmal braucht man doch auch einen Gedanken, etwas ganz Eigenes, woran man sich wärmen kann.

Wahrscheinlich ist das auch wieder so eine Geschichte, über die man nicht spricht! Aber ich frage mich dennoch: Wie schaffen es meine Freunde, mit den täglichen »Trennungen«, die das Leben enthält, umzugehen? Welche Gedanken, nicht welche Ablenkungen, helfen, wenn man sich entmutigt fühlt, besonders wenn der Aspekt der göttlichen Lenkung entfällt, nicht geglaubt wird? Wen kann ich, als jüngerer Mensch danach fragen, die Älteren weichen aus.

Was meine Eltern betrifft, so spielen sie Probleme herunter und sähen am liebsten auch bei anderen eine »Dauerhochfassade«. Mein Schwiegervater dagegen ist, wie mein Mann kürzlich traurig bemerkte, schon immer tot gewesen — er, der Vater, sagt sogar von sich selbst, daß er noch nie richtig gelebt habe, eigentlich auch nie wollte. Ich finde, beides ist ein Trauerspiel, denn frage ich diese Leute, wie es ihnen geht, kommt von einer Seite nur: Alles in Ordnung, von der anderen stereotyp: Alles schlecht!

Ich habe aber nicht nur das Gefühl, daß sie darüber nichts sagen mögen, sondern auch, daß sie sich vielleicht nie die Zeit genommen haben zur »Nabelschau«, möglicherweise wissen sie wenig über sich und ihre eigenen Reflektionen.

Unter den Eltern der Selbsthilfegruppe habe ich viele kennengelernt, die alles um sich herum in Frage stellen, seit ihr Kind tot ist. Alle Wertigkeiten haben sich für sie verschoben. Die Scheidungsrate der Betroffenen ist hoch, da sie die Trauer individuell trennend erleben. Sie kommen deshalb schockartig zu der Frage: Da ich mit den Leuten, die mir am nächsten stehen, nur wenig über meine Bedrückung sprechen kann, wie geht es mir überhaupt in meiner Beziehung zu ihnen? Wieviel von meinen Wünschen muß auf der Strecke bleiben, was habe ich in meinen Händen? Der Tod eines Kindes zwingt zum Bilanzziehen. Und viele entdecken da plötzlich einen totalen Bankrott! Wie viele Beziehungen sind noch bankrott, ohne daß die Betroffenen es bewußt wahrnehmen, nur weil sie nie Bilanz ziehen? Und ohne Bilanz keine Veränderung, und keine Veränderung heißt: keine Lebendigkeit; denn was lebt, verändert sich.

Das liebgemeinte »Bleib, wie du bist« auf einer Geburtstagskarte erfüllt mich neuerdings mit dem mißbehaglichen Gefühl, daß hier etwas von mir gefordert wird, dem ich auf Dauer nicht nachkommen kann.

Seit ich mich nicht mehr an meine alten Gewohnheiten kralle, weil ich das eine Mal endgültig loslassen mußte, habe ich erfahren, daß Loslassen nicht unbedingt einen totalen Verlust bedeutet, sondern daß ich auch Neues finden kann. Ich spüre da eine innere Freiheit, die ich vorher nicht kannte, bin nicht mehr abhängig davon, daß alles um jeden Preis harmonisch sein muß. Trotzdem bin ich in den guten Augenblicken doch ganz obenauf. Ich kann jetzt meinen Mann besser verstehen, der in seinen Lebensäußerungen schon immer direkter und ehrlicher war, sich selbst näher.

Unsere Tochter macht uns nur Freude. Sie ist leicht lenkbar, aber das ist auch gefährlich: Ich möchte sie doch nicht verbiegen. Ich möchte mich für ihre Individualität sensibilisieren, sie begleiten, nicht erziehen im strengen Sinne des Wortes. Emotionsdruck hat darauf einen ebenso schädigenden Einfluß wie die härtesten Schläge. Ich habe als Kind beides reichlich einstecken müssen und will nun über den Schatten meiner eigenen Erziehung springen.

In letzter Zeit ist Anne selbstbewußter geworden. Sie hat gelernt, mit der Blockflöte vom Blatt abzuspielen, kann Noten, und wer weiß, zu wieviel schönen Stunden ihr diese Fertigkeit noch verhilft. Jetzt hat sie auch noch Schwimmen gelernt, und das macht sie unabhängig von den blöden Schwimmflügeln und zu einer nimmermüden Wasserratte. Die erste Schwimmprüfung hat sie mit Bravour bestanden.

Sie fängt an, ein Tagebuch zu schreiben und Briefe mit Worten, die sie noch nie geübt hat. Das ist manchmal zum Lachen. Ich hebe alles auf; vielleicht kann ich es Ihnen einmal zeigen. Ich liebe dieses herrliche Kind sehr und freue mich über jeden, der sie auch gern hat.

Am Schluß noch vielen Dank für Ihre Karte aus Japan; sie hat einen Ehrenplatz auf dem Bücherbord bekommen. Hoffentlich sehen wir uns bald mal. In herzlicher Verbundenheit sende ich liebe Grüße von uns an Sie.
Ihre Leonore Matouschek

Hamburg, den 22. November 1985

— ich bin wieder mal sprachlos darüber, Herr Bern, mit welcher gelassenen Selbstverständlichkeit Sie bei unserem Telefongespräch »liebend« auf mir herumtrampelten. Lassen Sie das! Es macht mir keine Freude, auch wenn Sie der geäußerten Ansicht sind, ich hätte masochistische Züge — nur weil ich mir ein paar außergewöhnliche Gedanken mache.

Aber so sind Sie nun mal: Sie können das »Kopfwaschen« eben nicht lassen. Ich nehme Sie so, wie Sie sind, auch das habe ich gelernt. Im übrigen ein für allemal: *Ich strotze vor Lebenslust!* Und nicht nur, weil Sie das hören wollen. Ich liebe meinen Mann und habe nicht vor, ihn links liegenzulassen. Ich achte ihn. Er hat viel mehr als ich, ist geduldig und fest, läßt nicht los. Ich kenne keinen auf der Welt, außer meiner Tochter, den ich ebenso schätze und liebe. Wenn das nicht so wäre, wäre ich längst mit all meiner Power über alle Berge. Das ist mein letztes Wort — jedenfalls in dieser Auseinandersetzung. Ich mag nicht mehr mit Ihnen diskutieren, will Sie lieber einfach gern haben, auch wenn wir uns — verbal — nie verstehen.

Tausend allerherzlichste Grüße, *Ihre L. M.*

Dienstag, 26. November 1985

Lieber Herr D.,
ich habe mich gefreut, daß es Sie, wenn auch recht angeschlagen, doch noch in erreichbarer Nähe zu mir gibt. Am Ende wähnte ich Sie doch endgültig auf der Trauminsel.

Die Selbsthilfegruppe kann sinnvolle Arbeit leisten. Ich kann dort die Trauer um mein Kind ausdrücken und begreifen. Einige Leute, die ich dabei kennenlernte, sind durch den langen Leidensweg, den sie mit ihrem Kind gehen mußten, über sich selbst hinausgewachsen — ich stehe staunend vor ihnen. Manchmal stehen wir, glaube ich, alle staunend voreinander.

Das innere Schattenboxen mit meiner Kindheit, meine zwiespältigen Gefühle meinen Eltern gegenüber halten an. Kann ich auch die Zeit nicht zurückdrehen und *gleich* protestieren, so würde ich ihnen doch gerne sagen können, auf welche Weise ich ihre Behandlung gemerkt habe. Beginne ich jedoch ein Gespräch darüber, sagt Mutter sofort: Das siehst du völlig falsch – und verteidigt ihre alten Prinzipien. Damit läßt sie meine Eindrücke von vornherein nicht gelten, weist sie als falsch zurück. Sie will nichts davon wissen, daß es durchaus eine subjektive Wahrheit gibt. Sie schafft es, meine Klagen mit der Bemerkung: »Du mußt dich mal in meine damalige Lage versetzen«, vom Tisch zu wischen. Sprachlos fühle ich dann, daß ich ja gerade möchte, daß sie das ihrerseits einmal tut. Ich ahne, daß die Dinge unausgesprochen bleiben müssen.

Meiner Tochter Anne gegenüber mag ich nicht immer so »aus dem Bauch« handeln, aus Angst, an ihr zu wiederholen. Bei Frank habe ich es nicht geschafft, dieses zwanghafte Wiederholen zu überspringen, weil mir die dazu nötige »Brille« fehlte. Ich weine über Schläge, die er von mir bekam – habe auch damit letztlich mich selbst verletzt. Vielleicht sehe ich das in letzter Zeit besonders dunkel mit dem »Alice-Miller-Brillen-Vorsatz«. Es ist ziemlich scheußlich.

In bezug auf meine Kirche fühle ich auch immer wieder zwiespältig. Ich bin froh, daß wir das Thema damals weitgehend ausgeklammert haben. Sich auch noch von diesen Fäden losgeschnitten zu fühlen hätte ich zur Therapiezeit vielleicht nicht verkraftet. Es war damals das einzige, was noch ein wenig haltbar war. Jetzt, wo ich wieder an anderen Lebensfäden hänge, kann ich prüfen, wie weit mein Glaube trägt.

Mit Heiner arbeite ich an den Veränderungen in unserer Beziehung; jeder ackert kräftig auf seinem Stück, und beide zusammen auf dem gemeinsamen Stück. Manchmal verletzen wir uns dabei aus Versehen, und manchmal stoßen wir rücklings unversehens zusammen und müssen später darüber lachen.

Da sind Sie nun auch ziemlich losgeschnitten. Ich würde Ihnen zu der Trennung von Ihrer Freundin gerne etwas Liebes, Aufbauendes sagen; das kann natürlich nur recht persönlich klingen: Ich mag Sie sehr, und es tut mir leid, daß Sie so trübe Zeiten hatten. Ich kann nachvollziehen, welche Energie eine Trennung kostet, zumal eine solche, bewußt herbeigeführte. »Bis daß der Tod euch scheide« – das ist etwas anderes, da *muß* man ja. Wären Sie nicht mein Therapeut und wüßten sowieso Bescheid, würde ich Ihnen ein schönes Buch mit dem Titel »Trennung« empfehlen, na ja, jedenfalls wünsche ich Ihnen von ganzem Herzen alles Liebe.

Was meine Selbstbetitelung als ehemaligen »Borderline« betrifft, so habe ich als Nichtfachfrau diesen Begriff natürlich aus einem schlauen Buch. Ich habe Tilmann Mosers »Kompaß der Seele« gelesen und mich wirklich königlich amüsiert. Es ist doch unbeschreiblich, wie jemand so ein heißes Eisen so spritzig und witzig anfassen kann. Ich könnte mir denken, daß so mancher ernsthafte Psychologe sauer auf den Autor ist. Ich fand das Buch trotzdem herrlich, hatte damit auch Gelegenheit, die Therapiezeit nochmals an meinem inneren Auge vorbeiziehen zu lassen. *Sie* sind mir sowieso immer noch besser begegnet als der im Buch vielleicht noch am harmlosesten und positivsten geschilderte Fall.

Deshalb geht es mir auch trotz aller Kämpfe und Krämpfe gut, und ich fühle sehr, daß ich lebe. Ich habe ganz geheim angefangen, ein Buch zu schreiben – die ersten zwanzig »Manuskriptseiten« sind fertig. Das klingt doch gut?! Nun komme ich allerdings im Augenblick nicht recht weiter, weil ich seit September zwei Pflegekinder habe, und mit dreien bin ich nun sehr damit beschäftigt, zwischen allem das Gleichgewicht zu halten und trotzdem auch noch ein wenig Zeit für mich zu finden. Es geht aber. Nachdem ich den Anspruch fallenließ, Ihnen vierzig Seiten zu schreiben, konnte ich sogar in Ruhe diesen Brief zu Ende bringen.

In meiner Malerei passieren ganz gravierende Veränderungen. Sie wird mir unentbehrlich, hat auch Ventilfunktion.

Wenn Sie sich bis hierher durchgeschlagen haben, bleibt mir nur noch zu sagen, daß ich mich über Ihren Brief so gefreut habe, daß ich mit meiner Freundin eine Flasche Sekt auf Ihr Wohl getrunken habe.

Liebe Grüße, *Ihre Leonore*

Mittwoch, 4. Dezember 1985

Heute haben wir bei mir zu Hause mit vier Müttern aus Annes Klasse das Kasperstück für die Nikolausfeier geprobt. Annes Lehrerin hat das Stück selbst geschrieben, in dem Beelzebub die Frechheit besitzt, den Stern von Bethlehem zu klauen. Der wird natürlich vom pfiffigen Kasper mit mehr oder weniger Unterstützung durch Gretel und den Seppel zurückerobert und an seinen Platz am Himmel befördert, damit endlich die diesjährige Weihnachtszeit beginnen kann. Wir hatten viel Spaß – man mochte kaum glauben, daß dies lauter erwachsene Leute waren, die da herumalberten.

Annes Lehrerin hat danach noch bei uns gegessen. Wir haben in der kurzen Zeit wieder tausend Sachen besprochen – und ich habe von ihr eine Geburtstagseinladung erhalten.

Sonntag, 8. Dezember 1985

Ich brauchte einige Zeit, um mich von der Anspannung wegen der Hochzeit meines Bruders zu erholen. Ich hatte zwar Spaß mit den Blumen- und Tülldekorationen, aber der Streß der zwei Hauptbeteiligten dieses »schönsten Tages im Leben« hat sich auf mich übertragen. Allen Eltern war der Zeitpunkt zu früh – die beiden sind noch nicht lange zusammen und noch relativ jung. Es ist ja auch ein Lotteriespiel ohne Garantie.

Sonntag, 15. Dezember 1985

Unser Frühstückstisch erhält an jedem Morgen des Jahres sein gemütlich-sanftes Licht von einer Kerze. Selbst bei Anne gilt der erste Griff den Streichhölzern, um mit diesem kleinen Zauber den Tag zu beginnen.

Heute morgen fragte sie mich: »Mama, konnte Frank in seinem kleinen bißchen Leben eigentlich schon selbst Kerzen anzünden?« Ich habe ihr geantwortet, daß das etwas ist, was er mit seinen sechs Jahren schon längst konnte, weil er sich so sehr für Feuer begeistern konnte.

Anne denkt oft an Frank und spricht es dann auch aus. Es macht mir Freude, daß sie auch nicht vergißt. Manchmal zeichnet sich in ihren Reaktionen auch ab, auf welche Art sie durch das Erlebnis des Todes ihres Bruders verunsichert wurde.

So wurde sie kürzlich aus der Schule nach Hause geschickt. Ein

Kind hatte ihr den Stuhl gerade in dem Moment weggezogen, als sie sich setzen wollte, so daß sie sich den Hinterkopf anschlug. Zu Hause weinte sie immer noch und konnte sich kaum beruhigen, obwohl die Beule nicht schlimm war. Ich versuchte, genauer nachzufragen, was denn los war. Dabei kam heraus, daß die Musiklehrerin das andere Kind mit den Worten ermahnt hatte: »Das ist sehr gefährlich, was du da gemacht hast. Dabei könnte man sich so den Schädel verletzen, daß man sterben muß.« Da hatte ich's! Meine Anne war panisch, weil sie glaubte, daran sterben zu müssen. Sie fragte mich danach. Sie *weiß* ja, was das bedeutet. Ich habe lange gebraucht, um ihr für diesen Fall die Angst zu nehmen.

Sie macht sich aber auch Gedanken anderer Art. Wir hörten zusammen Radionachrichten. Es wurde berichtet, daß in Chile die Leiche eines deutschen Journalisten gefunden wurde. Anne fragte entsetzt: »War der tot?« Auf meine unüberlegt-spontane Reaktion hin, das sei weit weg von hier, wurde sie noch nachdenklicher. Schließlich fragte sie: »Haben die in Chile auch in den Nachrichten gesagt, daß Frank in Deutschland gestorben ist?«

»Nein, das haben die sicher nicht.« »Und warum nicht?«

»Weil die Menschen es hierzulande und auch anderswo als etwas ganz Normales, nicht Erwähnenswertes hinnehmen, daß Menschen durch Autounfälle sterben.«

Ich wurde an diesem Gedanken fast schwermütig, und die Sache blieb lange bei mir hängen.

Lieber Herr D.,
ich erinnere mich gerne daran, wie behutsam Sie seinerseit mit meiner wahrhaft zerquälten Seele umgingen, wie Sie in jedem Augenblick auf der Hut waren, daß nicht eine neue Verletzung hinzukommt. Ich bin Ihnen dafür dankbar; denn so konnte es gelingen, daß ich nach meinem Selbsttötungsversuch wieder auf die Beine kam.

Ich hatte es schwer, mit der Lektüre der Alice Miller zu Ende zu kommen, weil es mich bis ins Mark berührte, mich auf so vielen Seiten darin wiederzufinden. Ich habe vieles nachleben können, was ich als Kind nur über mich ergehen lassen konnte. Die Schmerzen der Schläge, auch der schlimmsten, sind vergangen, das

Gefühl allertiefster Demütigung ist geblieben, mußte aber auch verdrängt werden, unausgesprochen bleiben, weil das so für die Eltern notwendig war und ist.

Manchmal versuche ich, meinen Eltern etwas von meinen Gefühlen zu sagen, aber sie reagieren verletzt und gekränkt. Meinen gerade aufkeimenden Zorn muß ich angesichts ihrer Tränen über meine »unberechtigten Vorwürfe« wieder verdrängen, weil sie es schaffen, daß auch bei mir wieder die altbekannte Angst aufkommt, sie damit ins Grab zu bringen. »Du weißt doch, daß Aufregung Gift für mich ist.«

Meine Mutter ist wirklich recht krank. So muß für mich immer noch alles unausgesprochen bleiben, obwohl ich fühle, daß auf mich zutrifft, was Alice Miller über eine solche Verdrängung schreibt: »Es ist nicht das Trauma, das krank macht, sondern die hoffnungslose Verzweiflung darüber, daß man sich über das, was man erlitten hat, nicht äußern darf, daß man Gefühle von Wut, Zorn, Erniedrigung, Verzweiflung, Ohnmacht, Traurigkeit nicht zeigen darf und auch nicht erleben kann. Das bringt viele Menschen zum Selbstmord, weil ihnen das Leben nicht mehr lebenswert erscheint, wenn sie all diese starken Gefühle, die das wahre Selbst ausmachen, überhaupt nicht leben können.« – Und weiter: »Die echte Vergebung führt nicht am Zorn vorbei, sondern durch ihn hindurch. Eltern müssen nicht an der Wahrheit ihrer Kinder sterben.«

Ich weiß, daß mein Weg der Weg der Auseinandersetzung sein muß. Ich fühle, daß ich nicht über die unausgesprochenen Kindheitsnöte, wohl aber irgendwann über die ausgesprochenen, den Mantel der Liebe und des Vergessens breiten kann.

Ich bin froh, daß ich Ihnen hierüber so ausführlich schreiben kann, ein gutes Gefühl, zu wissen: Da ist jemand, der ein Ohr für meine Probleme hat.

In herzlicher Verbundenheit
Ihre Leonore

30. Dezember 1985

Wir drei sitzen im Intercity-Zug nach Bretten. Ich freue mich auf die Tage mit den Freunden, und es ist viel schöner, mit dem Zug durch die dick verschneite Landschaft zu fahren als mit dem Auto. Ich habe ziemlich viel Geld mitgenommen, mein Konto etwas geplündert. Ich gebe gern Geld aus, wenn ich Zeit und Ruhe habe, etwas Schönes auszusuchen.

Das vergangene Weihnachtsfest war für mich nach langer Zeit unbeschwerter. Die ganze Familie war bei uns, und wir haben es auf meine Anregung hin anders gemacht als sonst: Um den unnützen, zeitraubenden und hektischen Geschenkerummel zu vermeiden, haben wir ein Julklapp veranstaltet. So hatte jeder nur einen zu beschenken, allerdings mit der Auflage, auch ein kurzes Gedicht für ihn zu verfassen. Es ist allen leichtgefallen, und das Ergebnis war eine spaßige »Dichterlesung«. Später habe ich mit meiner Schwester den Tisch so schön wie nie gedeckt, und wir hatten ein richtiges Festmahl. Das einzige Minuszeichen, das immer bleibt, ist, daß mein Frank mir so fehlt.

Montag, 27. Januar 1986

Die Tage in Bretten liegen schon lange hinter uns; es gab dort kaum etwas anderes als Problemgespräche. Es riecht bei den beiden nach Ehekrise; sie können momentan überhaupt nicht miteinander reden, haben einen schlechten Zustand akzeptiert. Aber das Sprechen miteinander über Dritte – über uns – ist ihnen gelungen. Ich habe bei den Gesprächen ihnen und mir selbst zugehört, und dabei lerne ich immer wie in besten Therapiezeiten.

Wir haben die beiden in einem ziemlichen Chaos zurückgelassen. In der Stuttgarter Staatsgalerie war eine Ausstellung von Francis Bacon, die wir zusammen besuchten. Die Bilder und auch eine Videoschau über den Künstler haben mich sehr angesprochen. Ich habe gedacht: Daß jemand *so* malen kann! Es ist weit erntfernt von »schön«, so weit wie ein verstopftes Abflußrohr von einem Wiesenbächlein, aber trotzdem hat es mich sehr gefangengenommen.

Die anderen waren sauer, daß ich mich von ihnen getrennt habe, weil ich das alleine auf mich wirken lassen wollte. Sie warfen mir Hochmut vor, nach dem Motto: Ihr versteht ja sowieso nichts davon! Ich hätte aber als jemand, der »etwas von Malerei versteht«, geradezu die Pflicht, ihnen etwas von den Bildern zu erklären.

Ich machte ihnen klar, daß ich im Gegenteil gar nichts weiß; denn je mehr ich mich selbst mit der Malerei beschäftige, desto deutlicher wird mir, daß Sprache einen sehr unzulänglichen Zugang zu ihr verschafft. Wissenschaftliche Erklärungen zu Bildern sind unnütz. Es bleibt einem nichts anderes übrig, als zu versuchen, den »Kopf« bei ihrer Betrachtung möglichst auszuschalten und die subjektive Reaktion darauf bei sich selbst zu erfühlen. Dann kann man höchstens sagen: Dies Bild, diese Skulptur tut etwas mit mir, oder man wendet sich unberührt ab.

Am 18. Februar hatte ich ein Klassentreffen. Ich hatte mir vorgenommen, kein Blabla zu reden. So kam es, daß wir uns erzählten, wie wir uns damals gefühlt hatten und wie es heute weitergeht. Ich habe mich über Margrets Berichte gewundert: noch eine Fassadenfamilie, nach außen alles tipptopp Friede, Freude, Eierkuchen. Wir haben gegenseitig nicht von dem Druck und den Schlägen gewußt, die wir bekamen. Kinder verschweigen das. Nicht sein kann, was nicht sein darf! So gut funktionierte unsere Erziehung, daß wir alles allein getragen haben.

Wenn ich die Kinderschar unserer Gemeinde am Sonntagmorgen in der Kirche anschaue, betrachte ich in letzter Zeit jedes einzelne dieser strahlenden Geschöpfe und frage mich im stillen: Geht es dir, du Lütte, du Kleiner, gut? Wirst du auch nicht in die Ecke gedrängt und verprügelt? Kannst du deine Erziehung aushalten? Wird dir immer ein Schlupfloch darin gewährt, um deine Individualität zu retten? Sorge ich mich hoffentlich umsonst?

Dienstag, den 27. Januar 1986

Obwohl es sich um etwas Tolles, Schönes handelt, fällt es mir nicht einmal im Tagebuch leicht, darüber zu schreiben: Ich meine meine Sexualität und das, was ich mit Heiner dabei erlebe. Nachdem alles lange gänzlich brachlag auf diesem Gebiet, hatten wir Mühe, einen neuen Anfang dafür zu finden. Zu lange Zeit war vergangen, als daß wir dies ohne viele offene Gespräche hätten schaffen können.

Da wir nach Franks Tod in vielem die Unterschiedlichkeit unseres Fühlens erlebt haben, sind wir auf einmal auch nicht mehr sicher, das Fühlen und Wünschen des anderen auf diesem Gebiet einfach zu wissen. Ich weiß nicht mehr, was er gern mag, und sollte ihm wohl auch etwas von meinen Ideen zum Thema Liebe sagen.

Es erstaunt mich, zu erfahren, wie schwer es trotz der zwölf Ehejahre für uns ist, einander geheime Regungen zu entdecken. Da wir aber langsam unser Lachen wiederfinden, gab es schon Worte und Aha-Effekte, die uns zeigten, wie wichtig und gut dieses Sich-dem-anderen-Öffnen in sexueller Hinsicht ist. Vielleicht werden wir jetzt Mann und Frau; ich war jedenfalls darin immer noch ein halbes Kind.

Unsere Liebe ist freier geworden; ich merke, daß ich alle Lust deutlich und direkt mit Heiner ausleben kann, mich nicht beschränken muß. Wir können *es* tun − ernsthaft oder lachend. Ich darf sie verlangen, diese Mischung aus Zärtlichkeit und fester Berührung, die mich aufregt und freut.

Montag, den 10. Februar 1986

Wieder mal ein Trennungsloch! Stefan, der mir als Seelsorger ein unersetzlicher Ansprechpartner für Glaubensfragen war, wurde in eine andere Gemeinde beordert. Ich weiß noch gar nicht, was ich mit dieser neuen Situation anfangen soll. Durch Stefan ging es mir doch wenigstens halbwegs gut im Glauben. Es war immer hilfreich, wenn ich meine Zweifel mit ihm besprechen konnte. Ich habe seine Geduld darin gebraucht. An wen kann ich mich jetzt wenden? Mir ist fast das Herz stehengeblieben, als ich von seinem Weggang hörte. Ich kann mich nicht einfach jemand anderem anvertrauen.

Es kommt mir so vor, als gäbe es in den Kirchengemeinden zu viele Leute, die das, was man ohnehin den »schmalen Weg« nennt, durch ihre eigenen Gesetze, die sie »Rat« nennen, noch schmaler klopfen wollen. Stefan gehört nicht dazu, denn bei ihm kommt immer die Liebe vor der Lehre. Als ich ihm sagte, daß mir die

Gespräche mit ihm fehlen werden, sagte er, was naheliegt, woran ich in der ersten Panik nicht gedacht hatte: »Wir bleiben uns ja doch erhalten, schließlich kannst du mich auch anrufen.« Wir haben uns auch gleich für das nächste Wochenende mit Ruth und Stefan verabredet, was mich zunächst beruhigte.

Und dann war dieser Gottesdienst, der klärende, Zweifel beseitigende Gedanken enthielt. Eigentlich ist es ja christliches Allgemeinwissen, daß niemand verurteilen oder richten soll, was ihm außer der Norm erscheint. Trotzdem fand ich es schön, den Begriff »Eigenverantwortung« als Quintessenz in der Predigt zu finden. Jeder sei für sein Handeln selbst verantwortlich, habe es schließlich auch für sich allein vor Gott zu verantworten. Das ist auch ein Stück Freiheit, glaube ich.

Am Ende wurde ein schönes Lied mit einfacher Melodie gesungen, das meine verschiedenen Seelenzustände genau beschreibt. Der Text lautete etwa: »Licht nach dem Dunkel / Friede nach Streit / Jubel nach Tränen / Wonne nach Leid / Sonne nach Regen / Lust nach der Last / nach der Ermüdung / endlich die Rast / Freude nach Trauer / Heilung nach Schmerz / nach dem Verluste / Tröstung ins Herz / Kraft nach der Schwachheit / Ehre nach Hohn / Nach den Beschwerden / herrlicher Lohn / Reichtum nach Armut / Freiheit nach Qual / nach der Verbannung / Nähe einmal / Leben nach Sterben / Ruhm nach der Schmach / Sturm muß sich legen / Stille danach.«

Gäbe es diese Momente des Berührtseins in der Kirche nicht für mich, würde ich kaum in den Gottesdienst gehen. Ginge ich andererseits nicht, brächte ich mich um solche schönen Momente.

Donnerstag, den 27. Februar 1986

Das Entsetzen über einen nächtlichen Alptraum steckt mir heute nachhaltig in den Gliedern. Ich träumte, daß ich Anne für das Schultheaterstück ankleidete – das auch in Wirklichkeit demnächst stattfindet. Ich zupfte noch hier und da herum, und als ich sie zuletzt prüfend ansah, fand ich, daß ihre Verkleidung zwar in Ordnung war, aber *irgendwie saß ihr Kopf zu schief auf dem Hals*. Ich überlegte hin her her, schnitt ihn ihr dann entschlossen mit einem großen Messer ab und setzte ihr den Kopf gerade wieder auf den Hals. Das Kind sah sehr unglücklich aus, als ich es zu den anderen Kindern auf die Bühne schickte. Sie ist im Traum nicht daran gstorben – mir fällt eine häßliche Sprachformel dazu ein: Dem Kind muß man mal den Kopf zurechtsetzen, daran stirbt man ja nicht gleich.

Zu der Lehrerin sagte ich im Traum: Die Anne darf heute nicht so herumtoben; denn sonst fällt ihr der Kopf wieder ab, den ich ihr vorhin geradegerückt habe. Ich rief das Kind heran und zeigte den Herumstehenden den Schnitt im Nacken – es war auf einmal mein Kind Frank mit seinem kurzen Jungenhaarschnitt. Die anderen sahen mich entsetzt an, und ich spürte auch im Traum meine eigenen Zweifel an dieser Handlung. Zögernd, mich jedoch rechtfertigend, erklärte ich: »Das habe ich so gelernt, daß man das ganz unbedenklich einmal machen kann, das geht schon wieder in Ordnung.« Ich erwachte schweißgebadet.

Dieser Traum kennzeichnet für mich eindeutig die Schuldgefühle, die mich in bezug auf Frank quälen, wenn ich daran denke, mit welcher Heftigkeit ich ihm hin und wieder etwas entgegengesetzt habe. Doch sagt der Traum auch etwas darüber aus, wie mit mir als Kind umgegangen wurde. Jedenfalls wurde mir des öfteren im übertragenen Sinne der Kopf sehr deutlich zurechtgesetzt.

»Wem denn wohl nicht?« würde vielleicht mancher sagen, aber das tröstet mich auch nicht, weder in bezug auf mich selbst noch in bezug auf mein totes Kind. Der Hinweis im Traum ist deutlich; ich will ihn beachten, wenn ich Anne gegenüberstehe.

Donnerstag, den 13. März 1986

Franks vierter Todestag rückt heran, und Niedergeschlagenheit, Unruhe, auch Schlaflosigkeit, Rücken- und Magenschmerzen wiederholen sich — als müsse er wieder sterben und als müßten wir wieder zusehen. Am Tage komme ich damit besser zurecht. Ich erhalte häufiger Telefonanrufe von den Freunden. Aus welchem Grund sie auch immer anrufen, meistens fragen sie auch, wie es mir in diesen Tagen geht. Manchmal sagen sie mir, daß sie auch an Frank denken. Dann löst sich immer für eine Weile die innere Spannung. Die wenigen, die wir nach allem gerne als Freunde bezeichnen, wissen jetzt, daß es mir hilft, wenn sie mich fragen und ich das Beklemmende aussprechen kann.

Jedes Jahr um diese Zeit packt mich ein sinnloser Tatendrang, noch irgend etwas tun zu müssen. Ich habe den erdgefüllten Zementkübel mit Blumen bepflanzt und eine schwarze Trauerschleife hineingesteckt. Er steht auf der Fahrbahn nahe der Stelle, an der Frank angefahren wurde, und soll die Autofahrer dazu bringen, die Geschwindigkeit zu drosseln. Im gesamten Wohngebiet unserer Gegend sollen sie nur noch 30 km/h fahren. Für Frank kommt die Regelung — an die sich übrigens nicht viele halten — zu spät! Die Chance zu überleben ist größer, wenn man nur mit 30 km/h angefahren wird. Wenn ich an den Unfall denke, merke ich, da steigt jetzt doch eine gewisse Wut in mir hoch, der ich Luft machen will, indem ich mich an den Fahrer jenes Autos wende:

Lieber Herr S.,
ich habe seit längerer Zeit das Bedürfnis, Ihnen von meiner Enttäuschung darüber zu berichten, daß Sie Ihrerseits auf den Tod meines Sohnes nicht ein weiteres Mal reagiert haben. Ich gehe nicht davon aus, daß Sie das, was vor fast vier Jahren geschah — und wobei Sie zum »Unglücksfahrer« wurden — sogleich ganz verdrängen oder abhaken konnten. Deshalb machte es mich, neben allen anderen Enttäuschungen, besonders traurig, daß von Ihnen gar kein Wort der Anteilnahme an unserem Schicksal mehr kam.

Dieses Verhalten, die Geschehnisse — gleichgültig, wie bewegend auch immer — einfach zu übergehen, scheint mir allerdings symptomatisch für unsere Zeit zu sein. Ich mußte inzwischen bitter lernen, daß es üblich ist, daß die Umwelt schon bald vom Tod nichts mehr hören will – man soll möglichst schnell damit »fertig« sein. Schon sehr bald nach der Beerdigung stießen wir auf Verständnislosigkeit und peinlich berührtes Schweigen, wenn wir es wagten, den Toten »immer noch« einmal zu erwähnen. So ist mein Sohn in unserem Bekanntenkreis tausend Tode gestorben, toter geht es kaum noch.

Ich denke, daß Sie doch, was die Betroffenheit angeht, gleich an zweiter Stelle nach uns stehen. Zwischen uns hätte es menschlich wesentlich besser laufen können! Hätten nicht gerade wir uns gegenseitig die schwere Aufgabe erleichtern können, einen solchen Schicksalsschlag in unser Leben hineinzunehmen, ihn besser annehmen zu können? Ihr Schweigen hat mir weh getan, und ich kann nicht verstehen, warum Sie es nicht wenigstens versuchten, besonders, da Sie von mir persönlich wußten, daß ich für eine Begegnung offen war.

Es sei Ihnen noch gesagt, daß wir einen qualvollen Weg zurückgelegt haben. Nachdem ich ein Jahr nach Franks Tod völlig am Ende war, hatte ich jedoch das Glück, für mich einen guten Therapeuten zu finden, dem es gelingen konnte, mich langsam wiederaufzubauen. Inzwischen habe ich eine Selbsthilfegruppe für »Verwaiste Eltern« mitbegründet, in der gleichermaßen Betroffene endlich ein Forum finden, um über ihr verändertes Leben nach dem Tode ihres Kindes sprechen zu können.

Mit freundlichem Gruß
Leonore Matouschek

Samstag, 15. März 1986

S. hat gleich nach Erhalt des Briefes angerufen und sich lang und breit herausgeredet. Ich habe ihn erst mal gelassen mit seinem vielen »Sie-müssen-verstehen-es-ging-mir-so-schlecht-es-kam-soviel-dazu-meine-Tochter-ist-krank« usw. ... Dann habe ich ihm gesagt: Sehen Sie, so ist es, Sie werben auch jetzt wieder nur für Verständnis für sich, erklären mir wieder alles nur aus Ihrer Sicht, versuchen auch keine Handbreit, sich wenigsten jetzt mal in meine Lage hineinzufühlen. Heute fragen Sie bezeichnenderweise auch wieder nicht nach uns, wie es uns mit unserer Trauer geht. Sie sehen nur sich selbst. Ich könnte es noch eher verstehen, wenn Sie gesagt hätten: Ich konnte einfach nicht, statt dessen lassen Sie Ihre Erklärungen auf mich herabregnen. Erklärungen gibt es immer für alles, nur kann man manchmal gar nichts damit anfangen. Nun war er stumm, und ich konnte etwas wie Betroffenheit bei ihm verspüren; wir sprachen noch eine Weile miteinander.

S. ist mir ein weiterer Beweis der grenzenlosen Unfähigkeit der Menschen heute, auf Tod, Sterben oder Trennung adäquat zu reagieren.

Donnerstag, den 17. April 1986

Lieber Christian,
es war gestern abend wirklich lieb von Euch, zu uns zu kommen – so ist dieser tieftraurige Erinnerungstag deshalb auf schöne Weise vorübergegangen, weil das Nähegefühl tröstlich ist. Ich hätte noch mehr darüber sagen mögen, was mir in den letzten Tagen für Gedanken über Franks Tod durchs Gemüt gezogen sind, mag es aber immer noch nicht aushalten, vor meinen Freunden die Fassung zu verlieren.

So habe ich heute morgen die Tränen für mich alleine geweint – denn der Anblick meines langsam sterbenden Kindes ist es, der mich in den vergangenen Wochen nicht verlassen hat. Die übrige Zeit im Jahr kann ich es besser schaffen, an die fröhlichen Zeiten mit Frank zu denken. Das tut auch weh, aber es ist anders, als das Bild vor Augen zu haben, das sich mir so sehr eingegraben hat in den letzten dreißig Stunden seines Sterbens.

Jetzt bin ich etwas erleichtert, daß diese Qual für dies Jahr ein Ende hat. Einen guten Teil meiner Anspannung habe ich mir heute früh aus dem Leib geschwommen – schön, daß das so geht! Die Sonne scheint auch.

Gruß – Kuß
in alter Liebe, *Loni*

Montag, den 5. Mai 1986

Die rauf und runter rasenden Gefühle dieser Woche, in der alle »unsere Daten« liegen, laugt mich völlig aus. Der dauernde Wechsel zwischen Freude und Trauer reißt mich so hin und her, daß ich manchmal Angst habe, das nicht bis an Lebensende auszuhalten. Oft stehe ich gedanklich und gefühlsmäßig vor dem Kurzschluß. Ich zwinge mich zwischendurch abzuschalten, um nicht durchzubrennen, zwinge mich zur Entspannung, indem ich versuche, einfach gründlich auszuschlafen. Manchmal klappt es auch durch intensive körperliche Anstrengung: bis zur Erschöpfung eislaufen oder schwimmen.

Zuerst hatte ich einen schönen Abend mit Heiner wegen unseres Hochzeitstages, dann war da Franks Todestag, an dem ich wiederum litt, mich jedoch auch über die Freunde freute, die bei uns waren. Danach gleich Annes fröhliche Geburtstagsfeier, ein tolles Fest mit ihren Spielkameraden – und wieder zwei Tage später jener traurige Tag, an dem Frank zehn Jahre alt geworden wäre. Wie soll ich das aushalten?! Diese Emotionsschwankungen sind dabei wirklich unerträglich.

7. Mai 1986

Ich habe von meinem Frank geträumt. Es ist so, als wäre er einmal wieder hiergewesen, wie ein Wiedersehen. Wir waren alle sehr fröhlich, saßen mit vielen Freunden um einen Tisch herum. Frank sagte zu mir: Wenn ich schon mal hier bin, möchte ich neben dir sitzen. Da habe ich unsere Bank geholt, und Frank und ich haben uns zusammen hingesetzt. Er erzählte begeistert irgendeine Geschichte, hatte natürlich wieder dreckige Hände und schmutzige Hosen vom Spielen – aber ich hatte ganz deutlich das Gefühl: Das macht doch nichts, ich liebe ihn, wie er ist.

Es war ein so deutlicher Traum, daß ich etwas von der Wiedersehensfreude mit in den Tag hineinnehmen konnte. Ich wünschte, ich hätte Frank wieder täglich in meiner Nähe, weiß, daß ich mich jetzt unbeschwerter, unbelasteter von Erwartungen, einfach uneingeschränkter mit ihm und über ihn freuen könnte. Ich würde nicht mehr soviel von ihm wollen — würde es einfach genießen, ihn zu sehen, so wie ich Annes Lebendigkeit genieße.

Ich habe mir das Buch hervorgesucht, in das ich seinerzeit ab und zu die spaßigen Begebenheiten mit den Kindern hineingeschrieben hatte. Wieder neu habe ich über den Ideenreichtum von Frank gestaunt, der sich eines Tages allein über den Mohnkuchen in der Küche hermachte, später auf die schwarzen Krümel wies, die überall verstreut lagen, und stolz betonte: Den Dreck habe ich nicht mitgegessen!

Er fragte mich auch verträumt: Mama, heißt du auch Mutti? — und ebenso verträumt stellte er fest, indem er mir übers Haar strich, als ich ihm die Schuhe zuband: Du hast so schöne Haare, wie Stroh so schön. Begeistert rief er: Schau mal, der Mond hat schon Licht an! Frank wollte »dick und stark« werden, und wenn ich wollte, daß er sich mit etwas Mühe geben sollte, fragte er mich: Mama, wie geht denn Bemühn?

Im Herbststurm fand er: Es regnet heute schief, und beim Gewitter brüllte er unter Tränen der Angst seinem Vater zu, der noch die Gartenstühle hereinbringen wollte: Beeil dich, oder willst du etwa sterben? Frank sagte: Der liebe Gott braucht sich nie etwas zu überlegen, der weiß ja schon alles. Er fragte mich unvermittelt: Wo liegt eigentlich Plattdeutschland? Mit seinen Legosteinen baute er ein Altersheim mit einer Kasse für Rollstuhlfahrer, für die Fußgänger sei es dieses Jahr noch kostenlos.

Er konnte sich nicht abgewöhnen, wenn ihm etwas schiefging, spontan und enttäuscht: Das gang nicht! hervorzubringen. Auf der Straße sang Frank aus voller Kehle — indem er zwei Lieder durcheinanderbrachte: »Lobet den Herrn dreimal hoch!«

Seine erste aufsehenerregende »Heldentat« beging Frank zusammen mit seinem Freund Daniel. An einem sonnigen Samstag fand ich ihn, als ich vom Einkaufen kam, nachdenklich im Garten auf dem Sandkistenrand sitzend. »Na, was hast du denn so gemacht, als ich fort war?« fragte ich ihn. Er erklärte mir stolz, daß Daniel und er geholfen hätten, die Zeitung auszutragen — aber richtig. Nämlich, der Zeitungsjunge konnte das nicht so richtig, und deshalb hätten sie beide das richtig gemacht! Ich konnte mir keinen rechten Reim darauf machen und bat ihn, mir zu zeigen, wo sie Zeitungen ausgeteilt hätten. Gewichtig ging er mit mir nach vorne auf die Straße – und da war die Bescherung auch nicht zu übersehen: In der ganzen Gegend flogen Teile zerfledderter Zeitungen umher. Auf mein Entsetzen hin teilte mein zufriedener Sohn mit: »Der Zeitungsjunge hat nämlich nicht überall eine Zeitung hingelegt, aber wir haben das gemacht.« – So hatte nun an diesem Wochenende jeder etwas vom Wochenendblatt, einer den Anzeigenteil, einer die Immobilienseiten, einer das Journal und wieder ein anderer die Titelseiten. Es war wirklich nicht mehr zu ermitteln, welche Teile zusammengehörten, noch, wer die rechtmäßigen Eigentümer waren – entsetzlich, aber ich mußte furchtbar lachen, worauf mein Kind mir einen unsicheren Blick zuwarf. Es blieb uns nichts anderes übrig: Wir konnten nur noch Arm in Arm herumgehen und eine große Entschuldigungsaktion starten – nachdem er begriffen hatte, daß nicht jeder die Zeitung bestellt und bezahlt hatte.

Heute bin ich froh, daß ich über diese Geschichte nicht in Wut geriet, denn sie entsprang ja dem Gerechtigkeitssinn meines Kindes. Daß dies aber sein erster und einziger »Streich« bleiben sollte ...

Es kommt mir manchmal so vor, als lägen alle schönen Erinnerungen einzig in der Zeit vor Franks Tod.

20. *Mai 1986*

Lieber Herr D.,
man muß mich nur lassen, dann kommt auch was! Wie sehr Sie mich gelassen haben, ist mir wieder bewußter geworden. Ich habe Kontakt mit einer interessanten Frau, die sich gerade in einer Therapie befindet. Es handelt sich mehr um eine Gestalttherapie, aber sie wird nicht so recht gelassen, die kriegen da schön was vorgesetzt: Man *läßt* die Teilnehmer was zeichnen, läßt sie was schreiben, oder sie sollen was formen. Das ist sicher auch schon hilfreich – aber es hat doch sehr genaue Grenzen, besonders, wenn man da was ausdrücken *soll!* Na, ich verstehe natürlich zuwenig davon, glaube aber, daß ich auf »Kommando« gar nichts bringen könnte. Deshalb bin ich übrigens, glaube ich, auch für das Berufsleben verdorben, verlerne immer mehr, mich fremden Forderun-

gen anzupassen, genieße dagegen bewußter, meinen eigenen Neigungen nachgehen zu können.

Die Frau, von der ich Ihnen berichte, ist Journalistin und Buchautorin. Sie hat mich sehr ermutigt, selbst weiterzuschreiben, und konnte mir eine Menge nützliche Tips geben. Ich berichtete ihr von meinen hinderlichen Selbstzweifeln. Wir haben beide darüber gelacht, daß uns die Zwiespälte gemeinsam sind, wenn man meint, man habe »schließlich kein Abitur«, könne deshalb nicht genügen, möchte aber doch etwas sagen. Jedenfalls fühle ich mich durch sie bestärkt. Schön, denn ich habe gerade einen heftigen Anfall von Tatendrang und muß aufpassen, daß ich mich nicht schlapp in die Ecke setze und warte, daß er vorübergeht, nur weil ich nicht ganz genau weiß, was und wie ich es bewegen will. Die Devise »ganz oder gar nicht« kann mich manchmal ganz schön behindern, so gut sie auch klingt, sie stimmt doch nicht immer.

Ich bleibe Ihnen von Herzen zugetan – auch und erst recht mit Abstand und neuen Erfahrungen. Es ist schon toll, daß gerade Sie ein Stückweit mit mir gegangen sind.

Ihre Leonore

Montag, den 26. Mai 1986

Schon wieder geht es mir beschissen. Ich glaube, ich muß mich einfach daran gewöhnen, daß ich mich periodisch immer wieder schlecht fühle. Mein Selbstbewußtsein befindet sich momentan auf dem absoluten Tiefpunkt, meine Selbstzweifel erleben Hochkonjunktur. Ich fühle mich klein, habe das unbedingte Gefühl, daß ich jetzt was leisten muß, wenn ich noch halbwegs vor mir selbst bestehen will.

Gestern hatte ich einen Wahnsinnswutanfall, weil mich die verdammte Schreibmaschine dauernd daran hindert, etwas Vernünftiges zu leisten, eine Arbeit zu erstellen, die mich zufriedenstellt. Wahrscheinlich kann ich damit nur nicht richtig umgehen, mir war jedenfalls zum Heulen – statt dessen raste ich innerlich vor Wut, symptomatisch für mich: Wut anstelle von Tränen, schnelle Steigerung des Gefühls der Verzweiflung in Wut.

Heiner war lieb, hat genau das Richtige getan, mir geholfen und mich schließlich in die Arme genommen und festgehalten. Wir kommen besser miteinander zurecht als früher.

Samstag, den 31. Mai 1986

Es ist unglaublich, welche Widerstände ich dagegen aufwende, diese Geschichte aufzuschreiben. Immer wieder habe ich Gründe konstruiert, weshalb ich verhindert bin, mich an die Maschine zu setzen, nachdem ich doch andererseits recht mutig begonnen hatte. Das erste dicke Kapitel, das Franks Tod beschreibt, ist fertig.

Zwei gegensätzliche Gefühle in mir sind gleich stark: der Wille, unbedingt weiterzuschreiben, aber auch die Flucht davor, die Lust, zu verdrängen, nicht zulassen zu wollen, aufs neue berührt zu werden von dem Entsetzen – dabei bin ich doch täglich davon berührt. Immer suche ich vorgeschobene Gründe, nicht weiterzumachen: eine Reise, die Hochzeit der Freunde, Annes Krankheit, die Pflegekinder, und schließlich meinte ich, es ginge nur, wenn ich einen eigenen Arbeitsplatz hätte. Den habe ich mittlerweile auch – einen schönen Schreibplatz im Schlafzimmer unter dem Fenster – und kann mir jetzt keine Gründe mehr erlauben, die mich an dieser Arbeit hinderten. Unter größten inneren Widerständen schreibe ich also weiter, fühle mich zeitweise davon gequält – und *muß* es andererseits doch tun! Wie können zwei so starke Gefühle nebeneinander entstehen, warum will ich überhaupt meine eigentlich ureigenen Gefühle der Trauer und des Zweifels aufschreiben, mit dem Gedanken, es vielleicht zu veröffentlichen? Ist das die Unfähigkeit, mit diesen Dingen allein fertig zu werden? Ist Eitelkeit im Spiel?

Ich brauchte immer schon Menschen zur Reflektion, auch in meinen glücklichen Jahren. Da haben wir oft Feste gefeiert, deren Grund einfach das Bedürfnis war, Lebensfreude mitzuteilen: Schaut her, ich sprühe vor Freude! Heute brauche ich Menschen – ebenso intensiv –, die meine Traurigkeit mit mir teilen: Schaut her, es geht mir schlecht, ich bin deprimiert. Vielleicht kann ich das in meiner nächsten Lebensphase besser alleine schaffen. Nach der Besinnung auf mich selbst, nach dem Stück Selbstfindung, das mir zu gelingen scheint, genügt es mir vielleicht auch, wenn ich mit meinen Gefühlen bei mir bleibe. Aber das alles eher vielleicht ...

Eigentlich kann ich es immer noch nicht wirklich begreifen, daß wir Freunde finden in Menge, die mit uns lachen, aber kaum eine Handvoll Leute, die mit uns weinen oder mit uns »Trübsal zu blasen« bereit sind. Ich mag meine Lebendigkeit, die zwei Seiten hat, nicht so durchs Leben hinken zu lassen, möchte gerne, daß beides seinen Ausdruck finden kann, nicht nur meinem Psychologen gegenüber. Obwohl das auch schon toll war; bei ihm bin ich überhaupt erst wirklich dahintergekommen, wie gut das tut, so mit allen Gefühlen akzeptiert zu werden. Ist uns das hierzulande gänzlich verlorengegangen?

Die Sprüche wie »Immer nur lächeln!«, »Keep smiling!«, »Denke positiv!« usw. kommen mir — in der Weise, wie sie jemandem in seiner Bedrücktheit entgegengehalten werden — vor wie eine einzige Pappnasenveranstaltung zur Verhinderung von Traurigkeit. Kann man sich das überhaupt selbst befehlen, ohne sich ein Stück Lebendigkeit abzuhacken? Wird die Binsenwahrheit vergessen, daß jedes Hoch fade ist, wenn das Tief nicht ebenfalls bis an seinen tiefsten Nerv gelebt werden darf? Muß jemandem, der dies tut, immer gleich gesagt werden, daß er sich gehenließe oder ob ihn etwa die Lust am Leiden gepackt habe? Wenn ich bis hierher gedacht habe, komme ich immer wieder zu dem Schluß, daß es doch sein muß: daß ich mir den Quälkram meiner letzten Jahre noch einmal herausschreien und -schreiben muß!

Mein Widerstand dagegen setzt nun genau an der Stelle am heftigsten ein, wo ich die erste Zeit nach Franks Tod beschreiben will. Sie ist von einem grenzenlosen Ohnmachtsgefühl und lange, lange Zeit von Nicht-wahrhaben-Wollen gekennzeichnet.

Ich wollte weder wahrhaben, daß mein Kind tot ist, noch wollte ich mich deshalb zur Veränderung gezwungen sehen. Als einige Zeit nach der Beerdigung der Besuch der Freunde weniger wurde und wir beide, Heiner und ich, uns im »Loch« wiederfanden, hat es in mir gebrüllt: Aber ich bin noch die, die ich war! Auf dem Riesenfest, welches ich — jede gebotene »Lebensdiät« mißachtend — anläßlich meines dreißigsten Geburtstags veranstaltete, habe ich mich bei den Kinderspielen »totgelacht« — ein komisch verwendetes Wort, das hier stimmt. Ich stand neben mir, und mir war zum Weinen darüber, daß von allem

Fröhlichen dieses Tages nichts mein Innerstes erreichen konnte, weil da groß und leer das Loch klaffte.

Ich war aber unfähig, dies irgend jemandem gegenüber zuzugeben und habe die unechte Rolle der wiederhergestellten Loni für mich selbst und die anderen gespielt. »Tapfer« versuchte ich dann selbst nach Muttchens Tod weiterhin diese Erlebnisse zu verdrängen – bis es nicht mehr geklapppt hat, bis ich nur noch funktionierte.

Als ich das erkannte, blieb mir nur noch übrig, diesem »Nicht-wirklich-sein« ein Ende zu bereiten. Mit fiel zu meiner Befreiung nichts anderes ein, als meinem Leben ein Ende zu bereiten, da mir die Kenntnis über Möglichkeiten zur adäquaten Reaktion auf Schmerz fehlte. Sehr deutlich wird mir dieser Mangel, wenn ich an das denke, was mir in jener Zeit bei der Krankengymnastin passierte. Wegen meines verspannten Rückens bekam ich dort eine Massage, die sogenannte »heiße Rolle«. Dabei werden zwei Handtücher der Länge nach fest zu einer dicken Rolle aufeinandergewickelt. In die Mitte der Rolle wird kochendes Wasser gegossen, gerade so viel, daß die Handtücher zwar naß sind, aber nicht tropfen. Mit dieser heißen Rolle wird nun der Rücken massiert, wobei die Handtücher nach und nach entrollt werden, damit bis zum Schluß eine gleichmäßige, feuchte Hitze die Massage unterstützt. Dabei sollte ich sagen, ob es zu heiß für mich sei oder wann mir Druck und Reibung zuviel würden.

Ich sagte nichts. Redete mir ein, es sei nicht schmerzhaft, überforderte mich selbst damit so, daß nach der dritten Behandlung mein Rücken eine einzige große Rötung aufwies, und sich tags darauf die Haut löste, wie nach heftigem Sonnenbrand.

Die Krankengymnastin, die ich genau genug kenne, um ihre Erfahrung zu schätzen, fragte mich entsetzt und erstaunt, wieso ich nicht den Verlauf der Behandlung auf ein wohltuendes Maß mitbestimmt hätte, es müsse mir doch weh getan haben.

Es hatte weh getan – und ich konnte mir mein Schweigen dazu jetzt auch nicht mehr anders erklären, als daß mich der Satz im Hinterkopf: Nur nicht jammern! davon abgehalten hatte, meinem Schmerz zur rechten Zeit Ausdruck zu verleihen. Die Behandlung mußte unterbrochen werden, ihr Erfolg war ohnehin immer nur von kurzer Dauer, meine Verspannung im Schulterbereich wurde letztlich nicht besser dadurch.

Als ich später in meiner Therapie D. von diesen körperlichen Symptomen erzählte, sagte er mir, daß Schmerzen solcher Art häufig bei Menschen auftreten, die Schicksalsschläge hinnehmen mußten. Man kenne das auch aus dem Sprachgebrauch: Dem ist viel auf die Schultern gelegt.

24. Juni 1986

Gestern abend waren wir mit Inga und Christian indisch essen. Es hat schön fremd geschmeckt, und der Abend war unbeschwert. Ich fühle mich nicht mehr dauernd genötigt, alles zu interpretieren, was die Freunde sagen, vertrage mich auch mit Christian wieder besser. Manchmal nehme ich ihm übel, daß er Offenheit nur mäßig erwidert, ungern etwas von sich blicken läßt und sich hinter seinen intelligenten Späßen verbirgt. Ich bin gerne mit ihm zusammen, weil wir miteinander lachen können, deshalb hat mich sein andererseits distanziertes Verhalten schon oft kribbelig gemacht.

Ingas Wärme scheint ihn allerdings etwas aufzutauen. Sie hat sowieso meine Sympathie. Heute nachmittag hat sie mich besucht, und wir konnten wirklich gut miteinander reden, auch über Christian und Heiner. Ich kenne ihre Ratlosigkeit in bezug auf Christians Neigung zur Verschlossenheit.

Das macht mir im Umgang mit Männern häufig zu schaffen, dieses Gefühl, ihre Offenheit beschränke sich auf wenige Themen. Da bleibt oft die Suche nach innerer Nähe einseitig, weil ein riesiges Fragezeichen zwischen uns steht. Vielleicht ist auch ein blöder, sinnloser Konkurrenzkampf um Vernunft und Gefühl dem gegenseitigen Verständnis im Weg. Der eine sagt: Ich will, du sollst jetzt sachlich sein, die andere Seite: Ich will, du sollst jetzt fühlen und sprechen! Jeder flüchtet sich auf den Stern, der ihm vertrauter ist, und beargwöhnt von dort den anderen. Ich will aber von einem Stern zum anderen springen: Kommt doch herüber, mich auf meinem Stern zu finden! Wenn ich springe, können meine Arme nicht über der Brust verschränkt bleiben, sie öffnen sich wie von selbst.

26. Juni 1986

Liebe Freunde in Bretten,
was lange währt, wird endlich gut. Hier schicke ich nun endlich das lange versprochene Päckle! Wir sind schon in Urlaubsvorbereitung und fliegen am Dienstag nach Agadir. Vielleicht klappt es noch, und wir können Daniel mitnehmen, das ist Franks guter Freund von damals, der jetzt noch oft bei uns ist. Anne hat ihn als Freund »übernommen« – oder er sie –, jedenfalls mögen wir ihn alle.

Man braucht, wenn man ein fremdes Kind bei sich hat, für die Einreise nach Marokko ein notariell beglaubigtes Erlaubnisschreiben der Eltern, das auch noch von einem staatlich anerkannten Übersetzer ins Französische übertragen sein muß. Die Zeit ist knapp, wir haben uns das spät überlegt.

Wir freuen uns, daß Ihr uns auf Eurer Fahrt in die Ferien ein paar Tage besuchen wollt. Wir sind Mitte Juli wieder in Hamburg, dann könnt Ihr so langsam antanzen.

Zum Weh und Ach meiner Umwelt habe ich derzeit keine gefälligen Wellen mehr im Haar und finde es gar nicht so einfach, nunmehr ohne positive Rückkoppelung der Leute zu leben. Ich lasse die Haare so, wie sie von Natur aus fallen – hoffnungslos wie beim Reetdachhaus. Es hängt, glaube ich, auch damit zusammen, daß ich mir wirklich in jeder Hinsicht wünsche, so angenommen zu werden, wie ich bin. Keine Lust, mich schön zu *machen!*

Um uns herum kriegen alle Freunde Kinder, und ich leide ein wenig; denn wenn ich Heiner frage, wie er es fände, wenn wir es auch noch mal versuchten, sagt er ja – und nein. Es geht nun aber, wie Ihr wißt, nur mit beiderseitigem Ja. Mal sehen, was uns das liebe Leben noch für Entscheidungen abringt und wie überhaupt alles weitergeht ...

Seid Ihr munter? Liebe Grüße an Euch und die Kinder
Tschüs, *Loni*

27. Juni 1986

Ein Brief an Annes Lehrerin:

Liebe Maren,
obwohl es sicherlich nicht üblich ist, möchte ich Dir sehr herzlich für die einfühlsame, liebevolle Beurteilung in Annes Zeugnis danken. Ich habe mich sehr gefreut über alles – und daß Du sie so sehen kannst – sicher jedes »Deiner« Kinder auf seine besondere Art. Ich kann mir gut vorstellen, daß Du für diese ausführlichen Beurteilungen Stunden und Stunden größter Konzentration gebraucht hast; es gibt sicher Lehrer, die es sich damit leichter machen. Eine gute Leistung von Dir, gerade weil Deine persönliche, private Situation in letzter Zeit recht belastet war. Ich wünsche Dir weiterhin soviel Kraft, alles zusammenzubringen – vielleicht kannst Du Dich jetzt ja mal hängenlassen. Außerdem wünsche ich Dir gute Begegnungen mit Menschen, das aktiviert die eigene Power! Und Liebe, für Dich spürbar, wünsche ich Dir ...
 Mit Daniel hat's noch geklappt, er kommt mit nach Marokko, wir freuen uns alle sehr.
 Liebe Grüße, *Deine Leonore*

Agadir, den 5. Juli 1986

Beeindruckend! Dies ist doch noch eine andere Welt, in die man hier eintaucht. Es ist orientalischer als wir vermuteten, selbst in dieser modernen Großstadt. Der Souk ist auch in Agadir noch wie aus einer fernen Zeit, mittelalterlich. Zwar gibt es einen Teil, wo Souvenirs für Touristen aufgebaut sind, wagt man sich jedoch tiefer in das Gewühl hinein, wo die Gemüseberge aufgetürmt sind und wo sich die Gewürzhändler geheimnisvolle Ecken mit hohen Regalen aufgebaut haben, wo man überwiegend Marokkaner sieht, da ist es doch wie in Tausendundeiner Nacht.
 An das Handeln um Preise und Dirham müssen wir uns erst gewöhnen – es ist ein Geschäft, das viel Kraft und Standfestigkeit erfordert, bei der Überredungskunst dieser Händler im ursprünglichsten Sinne des Wortes. Man bekommt jedenfalls oft den

Gegenstand am Ende für unter einem Drittel des erstgenannten Preises, und selbst das liegt wahrscheinlich noch über dem Preis, den Einheimische dafür zu zahlen bereit sind.

Vieles stimmt mich hier nachdenklich: daß Kinder in der »Berberschmuckfabrik« Armreifen für uns Reiche herstellen. Von einem ihrer Vorarbeiter wird uns erklärt, es handle sich um arme Berberkinder, die sich glücklich schätzen können, daß sie hier Ausbildung und Wohnung erhalten, denen es hier mit Sicherheit besser gehe als bei ihren Eltern, die froh sind, sie nicht auch noch ernähren zu müssen. Ich bin dennoch unsicher: Habe ich damit, daß ich Berberschmuck gekauft habe, Kinderarbeit begünstigt?

Die marokkanischen Frauen sind kaum auf den Straßen zu sehen — wenn, dann überwiegend noch in langen Kaftans und verschleiert. Ich sehe keine Frau selbst Auto fahren. Ein Deutscher, der schon viele Jahre in Agadir lebt, sagte uns, es sei traurig, aber wahr, daß die Frauen fast wie Gefangene unter Verschluß gehalten werden. Zwar seien die Bindungen der Frauen untereinander eng, doch haben die Männer bis zu vier Frauen und Verhältnisse nebenbei, zusätzlich sei Homosexualität weit verbreitet. Man könne davon ausgehen, daß es den Frauen innerhalb ihrer Grenzen gutgehe, doch dürften sie diese enggesteckten Grenzen nie übertreten. Zwar dürften sie studieren, doch gilt es als unanständig, wenn sie tatsächlich in ihrem Beruf arbeiten wollen; der Islam verbietet es eigentlich. Wenn die verschleierten Frauen durch die Straßen gehen, fühle ich bei ihrem Anblick zwiespältig, einerseits zornig, weil sie ganz vermummt sein müssen, andererseits gehören sie doch zu diesem verzaubernden orientalischen Flair des Landes.

Es gibt auch unbeschwerte, schöne Seiten dieses Urlaubs. Der Strand ist herrlich, breit — es sind außer den Touristen auch viele Marokkaner dort, sogar ein paar Marokkanerinnen mit ihren Kindern. Daniel und Anne sind ganz unzertrennlich, ein Feuerwerk von Ideen. Nachts um drei gehen sie den beleuchteten Pool fotografieren, um sechs Uhr früh albern sie in ihrem Zimmer herum, gehen schwimmen, wenn noch alles schläft — und sind manchmal schon beim Frühstück wieder müde. Wir vier kommen bestens miteinander aus — und ich erschrak zutiefst, als ich aus Versehen zu Daniel »Frank« sagte, »Frank und Anne« statt Daniel und Anne. Ich fühle mich eben zu viert auf einmal wieder so heil, und der Versprecher zeigte mir doch auch, wie gegenwärtig mir Frank immer noch ist.

Dienstag, den 22. Juli 1986

Wieder zu Hause, habe ich einige Tage gebraucht, um mich von der schweren Darminfektion zu erholen, vier Tage hohes Fieber haben mich so geschlaucht, daß ich Urlaub gebrauchen könnte. Trotzdem ist der Tapetenwechsel gut gewesen. Komisch jetzt, wenn Daniel an der Haustür klingelt, er hat doch gerade noch dauernd zu uns gehört. Für ihn ist es wohl auch merkwürdig, er war etwas verlegen. Anne holt viel Schlaf nach, unsere anstrengende Wüstentour in der letzten Woche hat bei uns allen Spuren hinterlassen.

Unsere schwäbischen Freunde haben uns besucht. Es war schön, und obwohl ich mich noch recht matschig fühlte, habe ich etwas Schönes gekocht. D. hat mir einen Brief mit folgendem Inhalt geschrieben:

Liebe Frau Matouschek,
»Deutschland« spielt gegen »Argentinien« – und ich setze mich hin, Ihnen zu schreiben, wie finden Sie das? Zuerst dürfen Sie daraus schließen, daß ich kein Fußballfan bin. Das heißt, gegen das *Spiel* habe ich eigentlich nichts, nur daß es mich fatalerweise immer irgendwie an eine *kriegerische* Begegnung erinnert, finde ich bedrückend. Es ist alles von so einem tödlichen Ernst.

Es ist eine ganze Menge, was ich Ihnen mitteilen möchte, deswegen dauerte es ja auch lange, bis ich mal die innere Ruhe fand, mein Schreibvorhaben in die Tat umzusetzen.

Sie schreiben in Ihren Briefen öfter von Alice Miller und von den wiederkehrenden Auseinandersetzungen mit Ihren Eltern. Früher war ich von ihr auch ganz begeistert, heute bin ich da nachdenklicher. Ich habe nämlich den Eindruck gewonnen, daß ihre Sichtweise der Dinge unter anderem auch Selbstmitleid und Sündenbocksuche mit sich bringt. Natürlich haben unsere Eltern eine Menge verbockt, verletzt, gekränkt, zuwenig unsere Eigenständigkeit gefördert, uns als Spiegelbild oder als Erfüllungshilfe für eigene Wünsche mißbraucht etc. Soweit ist das alles stimmig, und sofern wir das »gemerkt« haben, tut es uns weh, verursacht Trauer und Zorn. Und wir haben allemal das Recht, das zu beklagen – auch ihnen gegenüber.

Allerdings stellt sich die Frage, ob das allein schon etwas nützt. In der Auseinandersetzung fehlt etwas Entscheidendes: nämlich die Ambivalenz in den Gefühlen unseren Eltern gegenüber. Es ist so eine verdammt schwer zu akzeptierende Sache, daß wir diese so fehlerhaften, ungenügenden, bösen oder auch nur gedankenlosen Eltern einmal gebraucht und geliebt haben. Ich finde, das kratzt so gemein am Lack des Stolzes und der Würde. Diese Wut richtet sich eigentlich gegen uns, nicht gegen die Eltern. So stellt sich die Frage: Was werfen wir ihnen eigentlich vor? Daß sie böse waren oder daß wir sie – trotz dieses »Bösen« – dennoch geliebt haben? Also gibt es zweierlei zu entdecken: unseren verdrängten Zorn als auch unsere verdrängte (weil oft ungerechtfertigte) Liebe.

Ich glaube, erst mit dieser Ambivalenz kriegen wir das mit unserer Kindheit auf die Reihe. Das eine ist immer nur die Hälfte des Ganzen. Als Sie damals bei mir in Therapie waren, war ich soweit noch nicht. Es überwog die Sache mit dem Zorn, dem Schmerz und der Trauer. So etwas meinte ich in Ihren Briefen gespürt zu haben. Mit war, als hätten wir nur den einen Teil des Weges gemeisam beschritten, Ihre Zeilen haben mein (therapeutisches) Gewissen aufgescheucht.

Aber möglicherweise stimmen meine Vermutungen gar nicht, ich muß Sie bitten, das für sich zu überprüfen, nehmen Sie nicht unbedingt alles an, was ich sage, Sie sehen ja selbst, was für Sie stimmt oder nicht – ich möchte und wünsche mir, daß Sie weiterhin das Gefühl haben, von mir »gelassen« zu werden. Das ging mir ja runter wie Öl – es war ein wirklich schöner Satz, den ich als Geschenk empfand; trotz der vielen Mängel, die ich immer wieder an mir entdecken muß, mache ich wohl doch nicht alles falsch.

Da fallen mir Ihre Bemerkungen über Ihren Sohn ein, dieses Gefühl, soviel falsch gemacht zu haben. Könnte dieses Gefühl nicht an Brisanz verlieren, wenn Sie sich deutlich machen, daß Sie ihn ja geliebt haben? Winnicott (Kinderanalytiker) sagte mal: »Eine Mutter muß nicht gut sein, sie muß nur genügen.«

Und jetzt stellen Sie sich mal vor, Sie wären so eine Über-Mutter, eine, die *alles* richtig macht. Ich bin sicher, Ihre Tochter würde Ihnen davonlaufen und mit ihrem Leben kläglich scheitern, denn gegen so eine Mutter käme sie nie an, bei jedem Vergleich würde sie schlechter abschneiden. Die Identifikation würde mißlingen. Wenn Sie also weiterhin (trotz meiner gutgemeinten Ratschläge – peng!) vorhaben, eine solche Wahnsinnsmutter zu werden, vergessen Sie bitte nicht, Ihrer Tochter schon mal einen Platz auf meiner Couch zu reservieren. Schließlich muß ich auch leben! In diesem Sinne schließe ich jetzt ganz friedlich mit dem Ausruf: Es lebe das Mittelmaß!

Mit liebevollen Grüßen verbleibe ich
Ihr *Ex-Therapeut D.*

PS
Komisch, geht es Ihnen auch so, wenn Sie einen gerade geschriebenen Brief nochmals durchlesen, daß Sie das Gefühl haben, es ist nur ein Bruchteil von dem darin, was Sie sagen wollten? Aber hemmungslos kriegen Sie diesen »Bruchteil« jetzt zugesandt. Sie müssen halt auch zwischen den Zeilen lesen.

Ein lieber Gruß auch an Ihren Mann.

Mittwoch, den 30. Juli 1986

Lieber Herr D.,
vielen Dank für Ihren lieben, »ferntherapeutischen« Brief, den ich vorfand, als wir – bis oben angefüllt mit den Eindrücken einer anderen Welt – aus Marokko zurückkamen. Ich habe mich sehr darüber gefreut, daß Sie sich soviel Zeit für mich genommen haben, und weiß das zu schätzen.

Nicht immer habe ich die Selbstsicherheit, klar zu erkennen, was für mich stimmt und was nicht: Ich bin eben auch jederzeit zu verunsichern! Besonders, wie Sie sich vielleicht noch erinnern, von solchen lieben Menschen, deren *Kompetenz* für mich fraglos erscheint. Dann muß ich mir immer jenes Beispiel von Ihnen in Erinnerung rufen, in welchem Sie mir damals vor Augen führten, daß die grauen, riesigen Wohnsilos der modernen Vorstädte, in

denen eigentlich kaum jemand gerne wohnt, schließlich auch von Architekten geplant und entworfen wurden, deren Kompetenz fraglos war. Deshalb müßten sie mir noch lange nicht gut erscheinen.

In diesem Fall haben Sie insofern recht, wenn ich an meine Eltern und an meine Kindheit denke, so habe ich noch lange nicht alles »auf der Reihe«. Ich bin unzufrieden mit der derzeitigen inneren wie äußeren Situation, fühle in der Tat noch überwiegend meinen Zorn, und meine Ablehnung wird auch immer wieder durch das Verhalten meiner Eltern geschürt.

Sie sind nicht mehr so begeistert von Alice Miller? wer weiß, wieweit das neue Erkenntnisse bewirkt haben oder ob Ihre eigene Erziehung so gut gewirkt hat, daß Sie A.M.'s Deutungsmöglichkeiten in Frage stellen müssen. Wie dem auch sei, ich fühle mich jedenfalls in dieser miserablen Verfassung meinen Eltern gegenüber nicht wohl – was wieder meinen Grimm auf sie steigert, blöder Cirkulus vitiosus!

Ich gewinne zunehmend den Eindruck – auch schon vor Ihrem Brief –, daß ich doch noch ein paar Gespräche mit Ihnen darüber gebrauchen könnte, obwohl mein Ziel natürlich nicht ist, eine Wahnsinnsmutter zu werden. Ich möchte doch nur ab und zu mit Leichtigkeit über meinen Erziehungsschatten springen können.

Das Zeugnis meiner Tochter gibt meinem »Kurswechsel« schon recht; denn es stehen darin lauter so Sachen wie: Fröhliches, aufgeschlossenes Mädchen, das arglos und frei Beziehungen anknüpfen kann, hat gute Kontakte, kann sich in die Situation anderer hineinversetzen, zeigte sich anteilnehmend und verständnisvoll, ist fähig zu argumentieren und auch bereit, Kompromisse einzugehen – ihre Farb- und Formensprache ist differenziert und eigenwillig! *Die* kommt mir nicht auf Ihre Couch, nicht nötig, bedaure! Sind Sie teurer geworden?

Mit sehr lieben Grüßen, *Ihre Leonore*

Nachschrift:
Erinnern Sie sich daran, daß ich Ihnen damals sagte, mein Unglück sei, daß ich nichts vergesse? Die Erinnerung an jede demütigende Szene meiner Kindheit kann mich tatsächlich heute noch quälen. Lieber würde ich das alles einfach vergessen.

Es gab gestern einen Fernsehfilm, in welchem eine Frau kummervoll zu ihrem Freund sagte: Ich kann nichts vergessen! Der Freund, ein Philosoph, sagte darauf: Nichts vergessen heißt auch: nichts verarbeiten!

Glauben Sie, lieber Herr D., daß ich es schaffen könnte, nach so langer Zeit bedrückende Kindheitserlebnisse zu verarbeiten? Kann ich das allein schaffen?

16. August 1986

Ich bin leicht reizbar, zwar ganz glücklich, weil ich mich mit Heiner wieder mal ausgesprochen habe – aber trotzdem reizbar, unausgeglichen, angespannt. Ich glaube zu wissen, weshalb. Vielleicht hängt alles damit zusammen, daß ich das Gefühl habe, daß endlich definitiv entschieden werden muß, was unserem Leben eine neue Wendung verleihen wird: ob wir noch ein Kind wollen – oder nicht. Ich hätte nicht gedacht, daß mich dieser Wunsch noch einmal so ausgeprägt und dauerhaft befallen könnte. Heiner mag nicht nein, aber auch nicht ja sagen, aber ich denke, daß mir dazu die Zeit nicht mehr endlos zur Verfügung steht. Irgendwie ist der erneute Weg in das Berufsleben für mich noch nicht wieder dran, das kann ich immer noch hinten dranhängen – das Kinderkriegen aber nicht mehr lange. Was wird? Ich warte voll Spannung.

Mittwoch, den 4. September 1986

Ich war am Montag in der Akademie-Selbsthilfegruppe der »Verwaisten Eltern«. Dort habe ich deutlich gespürt, daß es mir doch schon besser geht als vielen, gerade erst vom Tod ihrer Kinder Betroffenen. Sie waren zum Teil so verbittert, sagten bittere Worte über ihre Freunde, über ihre Ehepartner, über das Leben, das nie wieder so fröhlich wird, wie es einmal war, in welchem sie sich nicht einmal über die ihnen noch verbliebenen Kinder freuen könnten. Ich habe ihnen gesagt, daß es zwar wirklich nicht auf dieselbe Art weitergehen kann wie zuvor, daß aber doch Freude eines Tages wieder den im Augenblick vom Leid verschlossenen Zugang zum Innersten bekommen kann.

Ich berichtete ihnen davon, wie auch unser Freundeskreis durch dieses »Schicksalssieb« gesiebt wurde, daß aber doch ein paar gute, verstehende Freunde übrigblieben, auch neue Menschen hinzukommen, die man auf eine neue Weise schätzt, sprach davon, daß man eines Tages die Kinder, die man noch haben kann, wieder ungebrochen und vorbehaltlos lieben kann – man brauche Geduld und Verständnis für sich selbst, erklärte ihnen, daß man vielleicht den Ehepartner am Ende mehr liebt und versteht als vorher, weil man gelernt hat, ihn in seiner Andersartigkeit wirklich anzunehmen, die in der Trauer deutlich wurde. Es braucht viel Zeit – das, was man das Trauerjahr nennt, ist bestimmt nicht der Abstand, nach dem man schon wieder in die Zukunft blicken kann.

Ich fühle aber für mich, daß ich langsam wieder für diese Zukunft planen kann, fühle mich von Freude berührt, mag wieder leben. Ich denke auch jetzt – nach vier Jahren – noch täglich an Frank, und daß ich mich erinnere, macht mich sicher. Die erste Zeit nach seinem Tod hatte ich immer Angst, ihn vielleicht zu vergessen. Jetzt *weiß* ich, daß ich ihn nicht vergesse, und das tut mir, bei aller Traurigkeit, gut. Sein Platz in meinem Herzen ist nicht leer, sondern bleibt von ihm besetzt, aber da gibt es ja auch Plätze für die anderen, die ich liebe.

Für meine Anne habe ich darum gestern ein Sommerfest veranstaltet. Ohne Anlaß haben wir vierzehn Kinder eingeladen, gespielt und nach ihrer Lieblingsmusik getanzt. Mittendrin im schönsten Gewühl und Lärm kam sie zu mir, nahm mich bei den Ohren, und gab mir einen heftigen Kuß.

Doch heute morgen bin ich beinahe abgestürzt. Ein Alptraum ließ mich vor Angst fast verrückt werden. Ich war wieder im Innern eines Turmes, in dessen Mitte schwindelnd steil eine Rutsche wie eine Wendeltreppe nach unten führte. Jemand rief mir zu, ich solle runterrutschen, aber ich traute mich nicht, es war so hoch, und ich war allein. Ich klammerte mich ängstlich an ein Geländer. Da begann sich der ganze Turm langsam zu neigen, das obere drehte sich nach unten – gleich würde ich abstürzen, vor meinen Augen tanzte es rot und grün, Panik, Panik, der Turm stand fast auf dem Kopf, ich konnte mich nicht mehr festhalten.

Heiner war auf meinen schnell gehenden, hechelnden Atem aufmerksam geworden. Er weckte mich. Als habe er mich tatsächlich aus Lebensgefahr gerettet, fiel ich ihm um den Hals und weinte lange.

Ich weiß genau, was das wieder war. Es ist immer dasselbe. Wie oft habe ich schon von diesem »oben« und diesem »nach unten« geträumt. Es ist die Angst, die mich immer beschleicht, wenn es mir eigentlich gut geht. Seit Franks Tod kann ich nicht mehr oben sein ohne die Angst abzustürzen. Vor dem Absturz graut mir; denn ich habe erlebt, daß man sich dabei lebensgefährlich, todbringend verletzen kann. Ich habe lange auf meinen Höhen sorglos getanzt, das konnte ich mir lange bewahren. Bis fast in mein dreißigstes Lebensjahr konnte ich die Angst aus meinem Leben heraushalten, die kleinen Ängste verdrängen oder einfach nicht wahrhaben. Aber Franks Tod ist Realität – es klappt dabei auf die Dauer nicht mit Nicht-wahrhaben-Wollen; ich bin gehalten, mich mit der Angst, die daraus resultiert, auseinanderzusetzen.

Auf meinen Höhen kann ich nicht mehr sorglos tanzen, schnell wird mir schwindelig, und es tanzt mir rot und grün vor den Augen. Das sind auch in meiner Malerei die Farben, die ich scheue, die mir Angst machen oder mit denen ich mir Angst – manchmal in Wut verkehrt – herausmale.

An Heiner geklammert, wurde mir bewußt, daß diese Angst abzustürzen, eine ganz elementare, absolute Angst ist, die in mir das Urvertrauen von seinem ersten Platz verrückt hat. Wenn es mir auch gutgeht, ich habe dennoch die Angst dicht bei mir.

6. September 1986

Mein Bruder und seine Frau haben uns besucht und fanden mich zwischen Bergen von Diakästen. Ich hatte mir schon lange vorgenommen, die Kinderbilder einmal zu sichten und daraus eine Auswahl der Fotos von Frank abziehen zu lassen, um eine Erinnerungsmappe zusammenstellen zu können – traute mich nur nie alleine an diese besondere, »vollendete Vergangenheit«. Nun habe ich es dennoch gewagt. Heiner mag immer noch nicht hinsehen – aber ich habe mir das, mit einer guten Freundin an meiner Seite, richtig reingezogen.

Als nun meine Verwandten hereinschauten und ich ihnen auch, erfüllt von schönen Erinnerungen, einige dieser Serien zeigte, wurde ich jäh aus diesem Schwelgen gerissen. Sie lachten nur — vollkommen unsensibel für das, was diese Fotos mir bedeuten müssen — über meine »unmöglichen Kleider, meine albernen Frisuren, die Vettelhose«. Es hat mich sehr gekränkt, und mir war übel deshalb, als sie gingen. Ich hätte mich selbst dafür ohrfeigen können, daß ich ihnen die Fotos gezeigt habe.

8. September 1986

Seit gestern singe ich im Kirchenchor nicht mehr als Sopranistin, sondern übe im Alt mit. Das ist völlig fremd und ungewohnt für mich, da ich zwanzig Jahre lang die Melodiestimme mitgesungen habe. Nun ging es nicht mehr so gut; denn ich habe das Gefühl, daß mit meiner *Stimmung* auch meine *Stimme* gesackt ist. Dem möchte ich nachgeben, um wieder mehr Spaß am Gesang zu haben.

Im Gottesdienst bin ich wieder mal über den Anspruch der Unbeeindruckbarkeit gestolpert: »... weder Tod noch Leben, weder Engel noch Fürstentümer noch Gewalten, weder Gegenwärtiges noch Zukünftiges, weder Hohes noch Tiefes, noch keine andere Kreatur kann uns scheiden von der Liebe Gottes« — diese Aussage wurde so ausgelegt, daß wir, von allem unbeeindruckt, den für uns von Gott gelegten Weg gehen sollen. Ich denke, wenn mich nichts beeindruckte, wäre ich auch unfähig zur Veränderung, und ließe ich Beeindruckung nicht zu, verlöre ich letztlich auch an Freude und Lebensqualität.

Lasse ich mich von der schönen Schöpfung Gottes beeindrukken, von faszinierenden Gedanken, die ich oft in Büchern finde, von der Liebe, die ich bei mir und anderen entdecke, so fände ich mich unehrlich, würde ich andererseits das Beeindruckende des Häßlichen, des Gemeinen, des Entsetzlichen leugnen. Diese Dinge sind schon imstande, mich aus der Bahn zu werfen, ebenso wie Schönes mich himmelhoch jauchzen läßt.

Mich bedrückt auch, daß in den Gottesdiensten so häufig gegen die Eigenliebe gewettert wird. Ich komme dabei mit dem in Konflikt, was mir während der Therapiezeit über den Umgang mit mir selbst gesagt wurde. Deshalb habe ich mich jetzt sehr über die Worte eines besonderen Würdenträgers meiner Kirche gefreut, der Jesu Gebot auslegte: Liebe deinen Nächsten wie dich selbst. Er sagte, der Satz enthielte schließlich auch die Aufforderung, sich selbst zu lieben – dies sei mitnichten verboten! Ich dachte zu Ende: je mehr ich mir selbst gut bin, desto besser gelingt es mir auch meinen Leuten gegenüber. Ohne ein gewisses Maß Eigenliebe kann es nicht gehen.

12. September 1986

Ich war endlich nach über sechs Jahren beim Gynäkologen. Es war für mich ein wahrer Gang nach Canossa, mußte aber sein. Mein Verantwortungsbewußtsein zwang mich zu einer Konsultation: Bevor ich eine neue Schwangerschaft wage, möchte ich doch wissen, ob soweit alles in Ordnung ist und was überhaupt von so einer »Altgebärenden« wie mir zu halten sei ...

Ich bin zu meinem früheren Gynäkologen gegangen, mit dem mich noch ein Rest Vertrauen aus der Zeit verbindet, als er mich durch meine zwei Schwangerschaften begleitet hat. Als ich ihm im Sprechzimmer gegenübersaß, hat er sich tatsächlich Zeit genommen, mit mir zu reden. Wir haben meine und seine Ansichten über Mediziner und deren Verhalten diskutiert. Ich glaube, er hat einen Teil meiner Ängste gespürt, die sich in den langen Jahren aufgestaut hatten, durch die Erfahrungen während der Geburten, während Franks Todeskampf auf der Intensivstation und im Zusammenhang mit Muttchens Sterben. Seine Zugänglichkeit im Gespräch überraschte mich, und ich wurde zunehmend ruhiger. Später, nach der Untersuchung, sagte er lächelnd: »Wenn Sie sich ein weiteres Kind wünschen, steht dem doch nichts im Wege, außer daß die Chance etwas geringer geworden ist, daß es bald klappt. Aber warum sollten Sie nicht noch ein Kind bekommen. Sie waren nicht krank ...« – »Ich war an der Seele krank, sonst nicht.«

Da kamen ein mit ernstem Bedauern gesprochenes langes Ja und eine Geste, ein kurzes tätschelndes Berühren. Vertrauenerweckendes, mitmenschliches Fühlen lag in ihr. Das ist es, was wir brauchen: eigentlich nur einfache Gesten des Verstehens. Aber wo diese Gesten fehlen, wächst überall Zweifel und Unsicherheit.

Aus solcher Unsicherheit, solchen Selbstzweifeln hat mich auch ein neuer Brief D.s herauskatapultiert. Er schreibt mir darin, er stände mir für weitere Therapiegespräche zur Verfügung. Gleichzeitig äußert er aber auch deutlich und mit für mich ungeheurer Kompetenz, daß ich für sein Gefühl keine therapeutische Hilfe brauche. Ob er wußte, wie sehr ich diese klare Aussage gerade nötig hatte? Gute, alte Liebe.

1. Oktober 1986

Lieber Klaus, liebe Hella,
heute ist der Tag, an dem Euer Kind zu Grabe getragen wird — das blanke Entsetzen teile ich immer wieder mit Euch, und eigentlich habe ich auch kaum Worte dafür. Trotzdem möchte ich Euch schreiben, damit ihr zumindest wißt, daß wir in Gedanken bei Euch sind.

Ein Kind zu verlieren ist für uns Eltern wohl das Gräßlichste, was uns widerfahren kann; denn nichts auf der Welt kann es je ersetzen, den Verlust nimmt man wahrscheinlich bis ans eigene Ende mit. Richtig verstehen, was das heißt, kann vielleicht nur jemand, dem Gleiches geschehen ist.

Ich bin ganz sicher, daß ihr Euren einzigen Sohn sehr geliebt habt, und wie groß mag dieses Loch für Euch sein, wie sollt Ihr es schaffen, damit zu leben? Ich weiß es auch nicht, kann nur hoffen, daß Ihr Wege findet, diesen Schicksalsschlag in Euer Leben hineinzunehmen. Ich weiß, was für ein langer, schmerzvoller Weg vor Euch liegt, habe mein einst so lebendiges Kind auch noch täglich vor Augen, und das ist auch gut so.

Ich bin Euch jetzt in besonders herzlicher Liebe verbunden, und meine Leute auch.
Eure Loni

Ottlar, den 11. Oktober 1986

Die Woche mit den zwei Beerdigungen — der von Oliver und der von meinem Lieblingsonkel — mit den damit verbundenen Anspannungen habe ich nur deshalb einigermaßen überstanden, weil dieser Urlaub vor uns lag. Mit letzter Kraft, unter Streß und Streit mit Heiner, habe ich die Koffer gepackt.

Und hier ist es denn auch schön wie eh und je. Wir sollten immer im Herbst in diese sanft hügelige Landschaft verreisen. Das Laub hat alle Farben, ich muß die Luft tief einziehen; denn im Wald riecht es immer anders, je nachdem, ob die Sonne scheint oder ob es neblig ist. Die Kinder und auch Rex, der Hofhund, rascheln gern durchs Laub. Wenn ich will, gehe ich in den Garten zum Fischteich, sehe den Forellen zu. Da steht ein Birnbaum mit kleinen harten Früchten, die ich gerne mag. Die Entspannung kommt — immer wieder raus in den Wald: laufen, laufen, dann kann ich tief und erholsam schlafen. Hier ist Weite zum Schreien: eine Übung, die mir mittlerweile schon zum Genuß geworden ist. Ich stelle mich unter die Bäume, atme ein und lasse meinen Schrei herauskommen, ganz aus dem Bauch, so laut und so lange ich Kraft habe, schreie ich in die Kronen hinauf. Eine ganze lange Nacht habe ich Franks Tod in allen Einzelheiten geträumt. Es hat mich zugleich angenehm berührt, ihn »wiederzusehen«, und auch traurig gemacht, mein fröhliches Kind — denn so war er im Traum — sterben zu sehen. Daß ich das träumte, liegt vielleicht an meiner derzeitigen Lektüre.

Simone de Beauvoirs »Ein sanfter Tod« hat mich sehr gefesselt, und ich glaubte danach fast, nie selbst etwas über Tod und Sterben schreiben zu können: Intellekt und Stil dieser Frau sind von unerreichbarer Klasse. So ging es mir auch nach der Lektüre von Maxi Wanders Büchern und nach dem »Schattenmund« von Marie Cardinal. Es kam mir danach so vor, als sei ich dagegen von unglaublich einfältiger Erlebnis- und Denkstruktur. Wenn ich dennoch weiterschreibe, so nur deshalb, weil ich nicht — wie Simone de Beauvoir mit neunzehn Jahren — mit dem Kopf mein Leben in Frage stellte, sondern weil das Leben selbst mich dazu zwang. Ob es mir gelingen kann, dies mit meinen hemmungslos subjektiven, so ganz unschriftstellerischen Aufzeichnungen deutlich zu machen, weiß ich nicht. Vielleicht mißlingt dieser Versuch, Unfähigkeit und Möglichkeiten im Umgang mit Tod und Sterben zu schildern; vielleicht schätze ich meine Fähigkeiten viel zu hoch ein – oder vielleicht auch viel zu gering? Aber wer will das beurteilen? Ich komme in Kreisgedanken. Schluß, ich schreibe weiter, basta.

21. Januar 1987

Lieber Herr D.,
so lange habe ich gebraucht, um darüber nachzudenken, ob ich Ihre Ansicht teile, daß ich keine therapeutische Hilfe brauche. Zuerst hat es mich sehr gefreut, dies so von Ihnen zu hören, aber dann dachte ich: Der kann das schließlich nicht besser wissen als ich, und ich weiß nichts.

Nach den jetzt verflossenen Monaten gewinne ich aber doch zunehmend die Gewißheit, daß ich, bei allen Schwierigkeiten, doch allein weiterkomme. Für die Geschichte mit meiner Kindheit und die immer noch ungelöst problematischen Gefühle für die Eltern werde ich allerdings noch Zeit brauchen, habe aber die Hoffnung, auch das auf die Reihe zu kriegen.

Der Topf mit meiner »Lebenssuppe«, den wir in der Therapiezeit gemeinsam neu aufs Feuer setzten und den Sie geduldig erwärmten und zum Kochen brachten, brodelt jedenfalls immer noch. Ich weiß mir ab und zu ein Scheit unterzulegen, und manchmal tut das auch sonst jemand. Hin und wieder gibt's neue Zutaten, die das Geschick mir beschert. Kurz: Das Ganze ist gut im Gange; wie die Suppe gelingt, weiß keiner, aber es riecht interessant – und Sie haben recht: Der Topf braucht keine neuen Stützen. Und nur, weil alte Liebe nicht rostet? – dazu ist mir Therapie in der Tat zu anstrengend.

Aber Schluß mit den Bildern, und hier die Tatsachen: Mein »Buch« schreitet seiner Beendigung entgegen. Ich schreibe im Augenblick nicht mal mehr Tagebuch, weil ich aller Tricks bedarf, mir genügend Zeit für mich und meine Haßliebe, die Schreibmaschine, zu verschaffen. Lange haben mich die Zweifel geplagt, ob das jemals jemanden interessieren wird, und im Vergleich mit jenem Buch, das ich in letzter Zeit las, kam ich mir gar zu kläglich vor. Aber es nützt am Ende auch nichts, sich immer zurücktreiben zu lassen, dann brauchte man gar nichts anzufangen, weil es immer jemanden gibt, der es besser kann.

Mit der Selbsthilfegruppe für »Verwaiste Eltern« will ich langsam aufhören, einige wichtige Kontakte werden aber bleiben. Das Angebot für Betroffene bleibt ja durch die Gruppe an der Evangelischen Akademie bestehen.

Zwei Jahre lang hatte ich jede Woche eine kleine Gruppe Betroffener bei mir zu Hause, und die Gespräche waren mir sehr viel wert. Nun mag ich mich nicht mehr jede Woche mit solcher Intension auf das Thema »Tod und Sterben« einlassen, das heißt: Ich brauche es auch nicht mehr so sehr.

Franks Tod liegt jetzt bald fünf Jahre zurück, und ich finde mich langsam an vollkommen neuen Standpunkten, verändert wieder. Im Augenblick stehe ich allerdings nicht sehr sicher, denn ich habe mir beim Rodeln ein Bein gebrochen, worüber übrigens die Leute zumeist lachen – sehr komisch. So was passiert, wenn sich »alte Leute« Kindereien hingeben.

Ich bin zwar im 35. Lebensjahr, doch denke ich, das ist noch nicht zu alt für ein drittes Kind, einer von meinen neuesten Lieblingsgedanken. Mein Mann jubelt da zwar nicht so sehr mit, aber in Anbetracht dessen, daß dies wohl unser gemeinsames, aber eben auch ein Stück nur *mein* Leben ist, kann ich sein bedenkliches Kopfwiegen geflissentlich übersehen – und wir lassen es darauf ankommen. Ich würde das schon gerne noch einmal mit meinen neuen Erfahrungen und durch meine neue »Brille« erleben.

Meine Enttäuschungen haben eben doch letztlich nur bewirkt, daß ich, wie das Wort es sagt, mich von einigen Täuschungen befreit sehe. Ich fühle mich trotzdem nicht völlig desillusioniert. Mir scheint, selbst die Realität birgt für mich und meine Lieben noch genug Beachtens- und Liebenswertes, wenn auch manchmal noch so häßliche graue Schleier darüberliegen. Sprach's und zog hoffnungsvoll ihre Straße.

In alter Liebe, die eben nicht rostet –
Ihre Leonore

20. April 1987

Lieber Frank,
Du bist (wärest) heute elf Jahre alt, und ich bin eigentlich – obwohl Du nicht mehr hier bist – mächtig stolz, schon einen so großen Jungen zu haben. Wahrscheinlich würdest Du bald meine Größe erreicht haben – manchmal stelle ich mich neben Deine Freunde von damals, einige sind tatsächlich schon so groß wie ich. Ich bin halt eine kleine Mama.

Reden könnte man mit Dir – aber, weißt Du, die kleine Anne ist auch schon nicht mehr so lütt. Ich versuche mir vorzustellen, wie wir alle vier um den runden Tisch herumsitzen und uns über Gott und die Welt unterhalten. Dicht daneben hängt jetzt ein schönes Foto von Dir, auf dem Du direkt in die Kamera schautest und deshalb jeden Betrachter neugierig anblickst. Manchmal sage ich laut zu Dir – auf dem Foto – ja, mein Franki. Stell Dir vor, wir haben, seit Du nicht mehr bei uns bist, ein »i« an Deinen Namen gehängt. Das ist, damit es noch deutlicher wird, wie sehr wir Dich lieben.

Es ist so schwierig, Dir meine Gedanken aufzuschreiben, denn die Zweifel daran, daß Dich das erreicht, sind oft genauso stark wie die Gewißheit, daß es Dich gibt und eine besondere Art der Seelengegenwart zu Dir möglich ist. Dein Papa glaubt das ganz fest, aber Anne und ich plagen uns oft mit dem Unglauben ab. Da sind solche Augenblicke wie jetzt wie eine Insel.

Du weißt sicher, daß es uns dreien schon besser geht, nachdem uns zuerst, nach Deinem Tod, so maßlos das Heimweh und die Sehnsucht nach Dir quälten. Es dauerte so schrecklich lange, sich an den Gedanken zu gewöhnen, daß Du nie mehr bei uns sein würdest. Ich hatte eine Zeitlang das Gefühl, mit Dir gestorben zu sein. Ich nenne das meine »verkehrstote Zeit«, denn die anderen wußten gar nicht recht, was sie mit mir anfangen sollten. Irgendwie ging gar nichts mehr, wenn Du Dir vorstellen kannst, was das bedeutet.

Weißt Du eigentlich, was ich zuerst täte, wenn Du mir jetzt gegenüberständest? Ich würde Dich anschauen – und schauen und schauen: Deine Hände (ich erinnere sie so klein), Dein Haar (Annes Blondhaar wird immer dunkler), Dein Gesicht mit den blitzblauen Augen und Deinen schmalen Körper mit dem lütten Po. Wenn keiner hinsähe, nähme ich Dich gehörig in die Arme, und dann – müßte ich unbedingt mit Dir reden.

Ich würde Dir viel von dem erzählen, was ich in diesem Buch geschrieben habe, und Dir vor allem noch mal sagen, wie sehr mir die Stunden leid tun, in denen es Krach zwischen uns beiden gab. Ich glaub', wir waren uns manchmal gegenseitig einfach zu anstrengend – aber die Liebe war und ist doch groß. War sie Dir spürbar genug?

Ich will jetzt schließen – mag gar nicht aufhören zu schreiben, denn gerade dadurch bist Du mir heute so gegenwärtig wie lange nicht.

Aber ich kann ja wieder mal schreiben ...

In Liebe, *Deine Mama*

Anhang

Literaturverzeichnis

Alfred Adler: Menschenkenntnis (Fischer TB Bücher d. Wiss. 6080), 23. Aufl., Frankfurt am Main 1988.
Simone de Beauvoir: Ein sanfter Tod (rororo 1016), Reinbek.
— Memoiren einer Tochter aus gutem Hause (rororo 1066), Reinbek.
Marie Cardinal: Schattenmund (rororo neue frau 4333), Reinbek 1979.
Reshad Feild: Ich ging den Weg des Derwisch. Das Abenteuer der Selbstfindung, 4. Aufl., München 1989.
Sigmund Freud: Abriß der Psychoanalyse. Das Unbehagen in der Kultur (Fischer TB Bücher d. Wiss. 6043), 39. Aufl., Frankfurt am Main 1989.
— Vorlesungen zur Einführung in die Psychoanalyse (Fischer TB Bücher d. Wiss. 6348), 9. Aufl., Frankfurt am Main 1988.
Michael Haller (Hg.): Freiwillig sterben — freiwillig? Selbstmord, Sterbehilfe, Suchttod (Spiegel-Buch 73), Reinbek 1986.
Thomas A. Harris: Ich bin o.k. — Du bist o.k. Wie wir uns selbst besser verstehen und unsere Einstellung zu anderen verändern können. Eine Einführung in die Transaktionsanalyse (rororo Sachbücher 6916), Reinbek 1975.
Verena Kast: Trauern. Phasen und Chancen des psychischen Prozesses, Stuttgart 1982.
Elisabeth Kübler-Ross: Verstehen, was Sterbende sagen wollen. Einführung in ihre symbolische Sprache, Stuttgart 1982.
— Kinder und Tod, Zürich 1984.
Harold Kushner: Wenn guten Menschen Böses widerfährt (Gütersloher Taschenbücher Siebenstern 1089), 2. Aufl., Gütersloh 1988.
Alice Miller: Am Anfang war Erziehung (suhrkamp taschenbuch 951), Frankfurt am Main 1983.
Tilmann Moser: Kompaß der Seele. Ein Leitfaden für Psychotherapie-Patienten (suhrkamp taschenbuch 1340), Frankfurt am Main 1986.
Joseph Roth: Hiob. Roman eines einfachen Mannes (KiWi 6), Köln 1982.
Ulrich Schaffer: Neues umarmen. Für die Mutigen, die ihren Weg suchen, Stuttgart 1984.

Harriet S. Schiff: Verwaiste Eltern (dtv dialog und praxis 15019), München 1986.
Hans Jürgen Schultz (Hg.): Trennung, Stuttgart 1984.
Maxie Wander: Leben wär' eine prima Alternative. Tagebuchaufzeichnungen und Briefe (Sammlung Luchterhand 298), 25. Aufl., Frankfurt am Main 1989.
– Guten Morgen, Du Schöne. Frauen in der DDR. Protokolle. Vorwort von Christa Wolf (Sammlung Luchterhand 289), 23. Aufl., Frankfurt am Main 1988.

Kommentar zur Internationalen Automobilausstellung
Frankfurt 1989

... Würde heute ein Tüftler das Auto neu erfinden und sich patentieren lassen wollen, er würde vermutlich jämmerlich scheitern. Jeder vernünftige Mensch würde nämlich diesem merkwürdigen Gerät keine Chance geben, einfach weil es jede Stunde einen Menschen tötet und überdies eine grausame Blutspur hinterläßt, Abertausende schwer verletzt und als Krüppel für ein Leben zeichnet. Aber wir wissen es heute besser — leben mit den Toten. Das Auto hat uns fest im Würgegriff, und es juckt uns nicht. Dabei liegen die Fakten unbestritten auf allen Expertentischen, gilben vor sich hin, sind hoch und runter gerechnet und beschönigt worden. Derweil frißt das Auto — als Inbegriff von Freiheit und Fortschritt auf dem höchsten Sockel der Republik — seine Kinder und deren Kinder, unsere Kinder. Die letzten Wiesen des Landes werden zubetoniert, den Wald gibt es ja eh nur noch als Postkarte. 500 Milliarden Mark sind in den letzten 30 Jahren in den Bau von Straßen gesteckt worden, heute verlangte die Autoindustrie pünktlich zur IAA weitere Milliarden für weitere und breitere Straßen. Die Städte liegen in den letzten Zügen, aber selbst dieser Rest an Atemluft verklebt die Lunge und offenbar zunehmend den Verstand. Die Autoindustrie rüstet beharrlich auf, feiert ungerührt und von willfährigen Politikern gepäppelt alle zwei Jahre ihre Gigantoschau aus Blech und PS, zynisch genug als »Technik für den Menschen« verschleiert. Nach uns die Sinflut — aber wenn wir genau hinschauen, stecken wir schon längst mittendrin. Nicht einmal der Katalysator hat sich als Gemeingut durchsetzen können und fristet, stiefmütterlich behandelt ein Gnadendasein als läppisches Beiwerk zur Besänftigung von unverbesserlichen Fortschrittsbanausen. Für besonders Ängstliche in den eigenen

Reihen hat die Autoindustrie mittlerweile sogar einen Luftfilter entwickelt, der Abgase entgiftet, aber eben nur für den, der drauf zahlt und mit seinem fahrbaren Wohnzimmer klimatisiert und unbehelligt von seinem selbsterzeugten Gestank und Lärm weiterrasen will. Eine Gesellschaft im Autodelirium, dem Wahnwitz ständig steigender Zulassungszahlen huldigend. Das Tempolimit wird bekämpft, als ginge es um den Bestand der Demokratie und Tempo 30 in den Innenstädten, das gilt für den lästigen Rest: die Fußgänger, die gefälligst zügig über Zebrastreifen hetzen sollen. Um es klarzustellen, ich habe auch ein Auto, und ich fahre es auch, und ich weiß, daß viele Bürger unseres Landes ein Auto dringend brauchen, nicht nur die hunderttausend Arbeitnehmer in der Autoindustrie selbst, denn ihr Job hängt davon ab, daß die Bänder immer schneller rollen und die Autos auch.

Also gute Fahrt für uns freie Bürger – die 24 ausgenommen, die es bis morgen wieder erwischen wird.

Georg M. Hafner
(in der Sendung »Tagesthemen« des Hessischen Rundfunks vom 14. 9. 1989)